W0194690

hänssler

Steffen Kern

Ostern ist mehr

Das Geheimnis vom Kreuz und dem leeren Grab

Mehr! Basiswissen
Christentum
Herausgeber: Steffen Kern und Roland Werner

Steffen Kern, Pfarrer und Studienassistent am Albrecht-Bengel-Haus, Mitglied der Landessynode der Evangelischen Kirche in Württemberg. Der Journalist und Leiter des JuGo Stuttgart ist ab September 2008 Vorsitzender des Altpietistischen Gemeinschaftsverbandes.

Hänssler
Bestell-Nr. 394.841
ISBN 978-3-7751-4841-2

© Copyright 2008 by Hänssler Verlag im SCM-Verlag GmbH & Co. KG,
D-71087 Holzgerlingen
Internet: www.haenssler.de
E-Mail: info@haenssler.de
Umschlaggestaltung: Arne Claußen
Titelbild: istockphoto.com
Bilder im Innenteil:
(Seite 10) Jesus am Kreuz: © Mauritius
(Seite 22) Geld: © Sabrina – Fotolia.com
(Seite 38) Landschaftsbild mit Raps: © Rainer Sturm – aboutpixel.de
(Seite 54) Regenbogen: © kamikazefliege – aboutpixel.de
(Seite 60) Tropfen: © Torsten Schon – Fotolia.com
(Seite 72) Wolken mit Sonnenstrahlen: © Denise Gabler – aboutpixel.de
Gesamtlayout: Werner Böttler, Grafik Satz Bild Druck, Walddorfhäslach
Druck und Bindung: Druckerei und Verlag Kurt Eilbracht, Löhne
Printed in Germany

Inhalt

Zweifeln und staunen

Die Geschichte von Jesus Christus ist einzigartig. Seine Lebensgeschichte bestimmt unseren Kalender bis heute. Wir zählen unsere Jahre nach seinem Geburtsjahr. Und wir gliedern jedes Jahr nach seinen Lebensdaten. Die großen Feste unseres Jahreslaufs richten sich nach seinem Lebenslauf: Weihnachten feiern wir seine Geburt. In der Passionszeit denken wir an sein Leiden, zu Karfreitag an seinen Tod am Kreuz. Ostern feiern wir seine Auferstehung. Und zu Himmelfahrt wird traditionell seine Rückkehr zu seinem Vater im Himmel gefeiert. Pfingsten schließlich steht für den Heiligen Geist, der in den Christen wohnt und sie an Jesus erinnert. Kein Mensch ging je über diese Erde, der vergleichbare Spuren hinterlassen hätte. Die Dichter und Denker, die Kaiser und Könige aller Zeiten kommen an seinen Ruhm nicht heran. Dabei hat er nie das Großartige gesucht. Nie hat er sich zu den Großen, den Schönen und Reichen gehalten. Die Gesellschaft, die er suchte, waren die Waisen und Witwen, die Aussätzigen und Ausgegrenzten. Die Armen, die Hungernden, die Leidenden waren seine Gefährten. Für sie ist er eingetreten. Für sie hat er gestritten und gelitten und dabei die Begegnung mit den Mächtigen nicht gescheut. Die Religionsführer seiner Zeit hat er herausgefordert. Seine Reden provozierten, seine Wunder machten neugierig, an seiner Person scheiden sich die Geister – bis heute.

Was bedeutet sein Leiden und Sterben? Was ist an Ostern geschehen? Ist er wirklich auferstanden? – Wenn wir in diesem Büchlein etwas von Ostern begreifen wollen, dann müssen wir am Kreuz beginnen. Wir müssen vom Tiefpunkt ausgehen, um den Höhepunkt erfassen zu können. Wir müssen das Ganze sehen, um das Wunder wenigstens erahnen zu können. Ganz begreifen werden wir es nie. Wir können nur staunen, zweifeln und wieder staunen über das, was vor rund 2000 Jahren nahe bei Jerusalem geschah.

Wenn es wahr ist, dann ist es das unglaublichste Ereignis der Weltgeschichte. So unglaublich, dass es sich nur dem Glaubenden erschließt. Wenn es nicht wahr wäre, dann wäre es dennoch die spannendste und folgenreichste Legende, die je über einen Menschen erzählt wurde. Deshalb will ich Sie bitten: Bleiben Sie dran. Lesen Sie weiter. Prüfen Sie, was Sie hier lesen. Vielleicht entdecken Sie dabei sogar, dass die Geschichte des Jesus von Nazareth mit Ihnen zu tun hat.

Mit den besten Wünschen
Steffen Kern

Eine Anmerkung am Rande:
Grundlage dieses Büchleins sind Predigten und Ansprachen, die ich in den letzten Jahren gehalten habe. Der Redestil wurde beibehalten.

1
Der ganz andere König

Es ist eine Thronbesteigung der ganz anderen Art. Das Johannesevangelium berichtet von ihr im Neuen Testament in seinem 18. und 19. Kapitel. Geheimnisvoll, hintergründig, tiefsinnig. Jesus wird der Prozess gemacht. Er wird gefangen genommen, verhört, verhöhnt, gegeißelt und verspottet. Doch diesen Leidensweg, die verheerende Prozedur, schildert der Evangelist als Einsetzung eines Königs.

Wir sind es gewohnt, dass ein König eine Krone trägt. Golden. Glänzend. Mit Diamanten bestückt. Ungeheuer wertvoll und ungemein würdevoll.
Dieser König trägt eine Dornenkrone.
Ihre Stacheln bohren sich tief in seinen Schädel.
Blut tropft herab und mischt sich mit den Tränen auf seinem Gesicht.
Wir sind es gewohnt, dass ein König einen Mantel trägt. Einen prächtigen Purpurmantel. Leuchtend rot oder violett. Mit einer langen Schleppe, vielleicht sogar von einem Pelz umsäumt.
Dieser König hat nur ein Gewand.
Und das haben sie ihm ausgezogen.
Nackt steht er da – und kann kaum noch stehen.
Entblößt. Entmachtet. Entwürdigt.
Wir sind es gewohnt, dass ein König stolz daherschreitet und den besten Wein serviert bekommt. Nur das Allerbeste, das Erlesenste wird ihm aufgetischt.
Dieser König wird nur verspottet und verlacht.
Soldaten verhöhnen ihn. Die Leute der Straße beschimpfen ihn.

Er wird beschuldigt und bespuckt,
getreten und geschlagen.
Und zum Gipfel des Hohns wird ihm statt Wein
ein Schwamm mit Essig gereicht.
Was ist das für ein König?
Ganz gewiss kein König der Herzen.
Er ist ein König voller Schmerzen.
Kein König mit Pracht und Macht.
Er ist ein König der Schmach und Schande.
Kein König mit Glanz und Gloria.
Er ist der König am Kreuz – und trotzdem,
ja gerade deswegen ein siegreicher König.

Eine Thronbesteigung der ganz anderen Art. Wer ist dieser ganz andere König? Sehen wir genauer hin, hinauf zu seinem Kreuz.

Sein Reich ist die ganze Welt

Es ist eine paradoxe Szene – rund um diesen König: Sein Thron ist das Kreuz. Sein Thronsaal ist eine Müllhalde am Rande der Stadt. Es ist dreckig. Es stinkt erbärmlich. Das ist Golgatha, die Schädelstätte. Keinen räudigen Hund jagt man dort hinaus. Ein Ort, den man meidet.

Nur ab und zu wird dieser Ort zum Schauplatz eines schaurigen Schauspiels. Schaulustige kommen in Scharen und gaffen. Dann nämlich, wenn eine Hinrichtung stattfindet. Wenn der Abschaum der Menschheit zur Schau gestellt wird. Und inmitten dieses Abschaums steht der Thron unseres Königs.

Er hat sein Kreuz selbst auf den Hügel hinaufgeschleppt. Dann reißen sie ihm die Kleider vom Leib, werfen ihn auf das Holz und jagen ihm Nägel durch Hände und Füße.

Das Kreuz wird aufgestellt – und dann hängt er da. Mittendrin. Rechts ein Verbrecher. Links ein Verbrecher. Armselige Gestalten, die den Tag ihrer Geburt verfluchen. Und mittendrin thront der König der Welt. Es ist eine paradoxe Szene. Eine Inschrift verkündet es: *»Jesus von Nazareth, König der Juden«.*
In drei Sprachen steht es da.
In Aramäisch – das ist die Volkssprache.
In Lateinisch – das ist die Amtssprache.
Und in Griechisch – das die Handelssprache der damaligen Welt.

Alle Welt kann es lesen. Aller Welt wird es verkündet. Und damit wird das Geheimnis formuliert: Der König der Juden ist der Retter ganzer Welt. Sein Reich ist die ganze Welt.

Es ist faszinierend, wie uns das Johannesevangelium Jesus als König vorstellt. Alle klassischen Elemente einer antiken Königskrönung sind da:
– Da wird Jesus zuerst von Pilatus gefragt: »Bist du der Juden König?« Und Jesus antwortet: »Du sagst es.« Das ist Ankündigung, die Proklamation des Königs (vgl. Johannes 18,33-38a).
– Da wird Jesus von den Soldaten eine Dornenkrone aufgesetzt und ein Mantel umgehängt. Sie verspotten ihn. Sie schlagen ihm ins Gesicht und sie grüßen ihn: »Sei gegrüßt, du König der Juden!« Das ist die Krönung des Königs und die dazu gehörende Huldigung (vgl. Johannes 19,1-3).

- Da wird Jesus von Pilatus dem ganzen Volk vorgestellt. »Seht«, sagt Pilatus, »welch ein Mensch.« Aber statt zu jubeln, schreit das Volk nur: »Kreuzige ihn!« Das ist die Präsentation des Königs (vgl. Johannes 19,4-16a).
- Und schließlich wird Jesus ans Kreuz geschlagen und in allen damaligen Weltsprachen als König verkündet. Das ist die Inthronisation des Königs (Johannes 19,16b-22). Es ist wirklich eine Thronbesteigung der ganz anderen Art. Er ist wirklich ein ganz anderer König. Aber ein König mit ungeheurem Anspruch: Sein Reich ist die ganze Welt – und doch ist es nicht *von* dieser Welt.

Vielleicht sagen Sie jetzt: Ist das nicht ein bisschen vermessen? Ist es nicht ein bisschen hochgegriffen? Sagen wir doch besser: König der Christen – aber bitte nicht dieser hohe Anspruch! Warum soll denn Jesus der König der ganzen Welt sein?

Warum nicht Buddha?

Warum nicht Allah? Warum nicht sonst ein Gott oder Religionsstifter?

Jesus selbst beantwortet diese Fragen – am Kreuz. Denn so tief hat sich keiner herabgelassen. Keiner ist so weit heruntergekommen wie er. Keiner hat das auf sich genommen.

Wäre sein Thron aus Gold und Edelstein, dann könnten wir ihn ablehnen. Hätte er Prachtpaläste, dann könnten wir ihn absetzen. Aber weil er in völliger Ohnmacht kommt, können wir nur eines tun – ihn anbeten!

Er ist nicht über alles erhaben wie Buddha. Nicht über alle erhoben wie Allah. Im Gegenteil: Er wird der erbärmlichste aller Menschen, aber gerade darin zeigt sich Gottes Barmherzigkeit.

Er wird der erbärmlichste aller Menschen, aber gerade darin zeigt sich Gottes Barmherzigkeit.

Der Gottessohn macht sich zum Gespött seiner Geschöpfe. So sehr liebt er uns. So sehr hat Gott die ganze Welt geliebt, dass er seinen einzigen Sohn gab. Und genau so nimmt er als König sein Reich ein. Sein Reich ist die ganze Welt, denn er erleidet das Schicksal der ganzen Welt: Er stirbt für sie. Das hat kein »Gott« vor oder nach ihm getan.

Die Könige dieser Welt haben prächtige Bilder von sich malen und sie überall verteilen lassen. Etwa Napoleon. 1804 wurde er gekrönt. Und in sämtlichen Rathäusern, in Präfekturen, in Gerichten – überall hingen seine Porträts: Napoleon mit Krone, Zepter und Reichsapfel. Napoleon hoch zu Ross. Napoleon mit prächtigem Gefolge. Unterschiedlichste Bilder. Die verschiedensten Posen und Positionen. Eines prächtiger als das andere.

Genauso machten es die römischen Kaiser. Genauso machten es Hitler und Stalin. Und wenn wir etwa in den Irak schauen: Saddam Hussein hat es ganz ähnlich gemacht. Überall war sein Bild zu sehen: in öffentlichen Räumen, an Hauswänden, als Statue auf großen Plätzen. Die Tyrannen und Diktatoren dieser Welt lassen sich feiern. Aber von dem Kreuzeskönig gibt es nur dieses eine Bild von Karfreitag. Dieses unansehnliche und hässliche Bild: Jesus am Kreuz.

Das Kreuz ist sein Thron. Und die Inschrift darüber verkündet es: Sein Reich ist die ganze Welt. Dieses Bild, nur dieses eine Bild, sollen wir uns einprägen. Nur dieses Bild soll uns zu Herzen gehen: »Das ist der König Gottes, der die Sünde der Welt trägt.« So sehr liebt uns Gott, dass er für uns stirbt. Das ist Karfreitag.

Wenn die Geschichte und ihre Bedeutung nicht wahr sind, dann ist der Anspruch ungeheuerlich, eine Frechheit, fast frevelhaft, zumindest eine dreiste Anmaßung. Wer es wagt, sich zum König über die ganze Welt zu erheben, geht entschieden zu weit. Wenn der Anspruch aber berechtigt ist, dann können wir nicht gleichgültig danebenstehen. Das aber entscheidet sich erst später. Zunächst einmal entdecken wir noch etwas.

Sein Volk steht unter dem Kreuz

Schauen wir nochmals zu dieser Szene auf Golgatha. Da stehen die drei Kreuze. Und ringsum eine gaffende Menge.

Abseits sitzen ein paar Soldaten auf dem Boden. Es sind genau vier, sagt Johannes. Sie streiten um das Gewand von Jesus. Ein schönes Stück, das sie ihm ausgezogen haben. Und jetzt würfeln sie darum. Vier Soldaten, die ihren Spott mit Jesus getrieben haben, ihn nackt ausgezogen haben und nun – es ist der blanke Hohn – um sein Gewand spielen.

Dann aber entdecken wir noch eine andere Gruppe. Wieder sind es vier Menschen, vier Frauen. Aber sie stehen nicht abseits. Nicht bei den Spöttern. Nicht bei den Gaffern. Sie stehen ganz nahe bei Jesus – direkt unter dem Kreuz.

Sehen Sie, das ist der Platz der christlichen Gemeinde – direkt unter dem Kreuz. Dorthin gehört das Volk des Königs. Dort ist der Ort der Kirche. Sein Volk steht unter dem Kreuz.

Dort sieht uns Jesus. Dort spricht er uns an. So wie er Maria anspricht, seine Mutter. Dort, direkt bei ihm, sorgt er für uns, wie er für Maria sorgt.

Er weist sie an Johannes: »Frau, siehe, das ist dein Sohn.« Johannes war der beste Freund von Jesus. Dieser Johannes soll für Maria sorgen. Ihm befiehlt Jesus seine Mutter an – mitten im Sterben: »Siehe, das ist deine Mutter.« Und so entsteht unter dem Kreuz eine ganz neue Gemeinschaft. Eine Gemeinschaft im Namen des Sterbenden. So entsteht unter dem Kreuz Gemeinde.

Das ist bemerkenswert: Noch im Sterben sieht Jesus die Einzelnen, die unter dem Kreuz stehen. So sorgt Jesus auch für uns. Entscheidend ist nur, dass wir zu ihm kommen. Entscheidend ist, dass wir zum Kreuz kommen. Dass wir uns zu den vier Frauen und zu Johannes stellen. Dass wir in sein Blickfeld treten. Dass wir ihn für uns sorgen lassen – als unseren König. Denn sein Volk steht unter dem Kreuz.

Natürlich, wir können uns die ganze Szene aus der Ferne anschauen. Wir können es grässlich und furchtbar finden, vielleicht auch schön und schaurig. Wir können Jesus verspotten und uns zu den Soldaten setzen. Oder wir können wieder nach Hause gehen wie die meisten Gaffer von Golgatha.

Aber egal, ob wir Spötter sind oder einfach nur gleich-gültig – solange wir nur Zuschauer bleiben, bringt uns Jesus nichts. Es kommt darauf an, dass wir zu ihm kommen, in seine Nähe – direkt unter das Kreuz. Dort sieht er uns. Dort sorgt er für uns. Dort nimmt er uns als sein Volk an.

Darf ich Sie einmal so fragen: Wo stehen Sie? Irgendwo in der Menge, in sicherer Entfernung? Als Beobachter? Aber was da passiert – das hat mit Ihnen und Ihrem Leben nichts zu tun. Jesus stirbt, aber dass er wirklich »für Sie« stirbt, das kümmert Sie wenig. Vielleicht stehen Sie auch bei den anderen Jüngern, bei Petrus und Co., die einmal mit Jesus unterwegs waren. Aber als es ernst wurde, sind sie weggelaufen. Vielleicht haben Sie für dieses Kreuz auch überhaupt nichts übrig. Nur Unverständnis und Spott – so wie die Soldaten.

Egal, wo Sie stehen: Sie sind eingeladen, herzlich eingeladen: Kommen Sie doch zum Kreuz und lassen Sie für sich sorgen!

Der König selbst lädt Sie ein.
In Liebe sieht er Sie an.
Er spricht Sie an:
»Siehst du«, sagt er, »für dich sterbe ich – für dich und deine Schuld.«

Im Volk dieses Königs wird bis heute das Abendmahl gefeiert.
Es ist das Mahl des Königs.
Der König selbst lädt Sie zu sich ein – unter das Kreuz.

Nehmen Sie's doch ganz persönlich:
Als Einladung zu einem königlichen Empfang!

Lassen Sie sich einladen!
Lassen Sie sich vergeben!
Lassen Sie den König für sich sorgen!

Nur wenn wir unter dem Kreuz stehen, haben wir Anteil an dem, was der König schenkt. Das ist das Dritte, was wir entdecken:

Sein Tod ist unser Leben

Schauen wir uns ein letztes Mal diese Szene auf Golgatha an. Jesus hat Durst, schrecklichen Durst. Aber statt Wasser reichen sie ihm sauren Essig. Sie tauchen einen Schwamm in Essig, stecken ihn auf ein Rohr und reichen ihm den Schwamm hinauf.

Jesus saugt die Flüssigkeit in sich auf. Und gleich darauf stößt er einen Schrei aus: »Es ist vollbracht!«, ruft er. Dann lässt er den Kopf sinken und stirbt. Der Sohn Gottes wird ein Kind des Todes.

Der Sohn Gottes wird ein Kind des Todes.

Der Geistträger gibt den Geist auf. Der das Leben geschaffen hat, stirbt. Doch sein Tod ist unser Leben.

Jetzt ist er am Ziel. Denn genau dazu ist er in die Welt gekommen: um für uns Menschen zu sterben, um unseren Tod auf sich zu nehmen. Weil wir das Leben verwirkt haben, weil wir ewig verloren wären –

deshalb stirbt er unseren Tod. Und nur deshalb sagt er diesen ungeheuren Satz: »Es ist vollbracht.« Denn sein Tod ist unser Leben.

Logisch ist das nicht. Deutschlands Dichter und Denker zweifeln und spotten. Selbst der große Goethe fragt verbittert:

> *»Mir willst du zum Gotte machen*
> *solch ein Jammerbild am Holze?!«*

Theodor Storm rechnet mit dem König am Kreuz ab:

> *»So, jedem reinen Aug' ein Schauder,*
> *ragt es hinein in unsre Zeit;*
> *verewigend den alten Frevel,*
> *ein Bild der Unversöhnlichkeit.«*

Storm hat es nicht begriffen: Dieses Kreuz ist das Bild der tiefsten Versöhnung zwischen Gott und Mensch. Dieses Jammerbild offenbart uns das größte Geheimnis der Weltgeschichte.

Dieses Jammerbild offenbart uns das größte Geheimnis der Weltgeschichte.

Logisch ist das nicht – aber ich frage Sie: Ist Liebe logisch? Wenn schon menschliche Liebe nicht logisch ist – wie sollten wir die Liebe Gottes begreifen können?!

Nein, begreifen werden wir sie nie. Wir können sie nur im Glauben ergreifen und es dankbar annehmen: Sein Leib für mich gegeben. Sein Blut für mich vergossen. Sein Tod ist unser Leben. Gotteskinder sind Königskinder.

2 Raus aus der Schuldenfalle

Keine Frage, der Prozess von Jesus ist eine spannende Geschichte. Es lohnt sich, einmal die Darstellungen aller vier Evangelien im Neuen Testament intensiv zu studieren. Wir haben nur das Johannesevangelium zu Rate gezogen – und auch das nur auszugsweise. Aber welches Evangelium wir auch lesen, immer wieder stellt sich die Frage: Was bedeutet dieser Tod des Jesus von Nazareth für uns? Bedeutet er wirklich mehr als der Tod der zig Millionen und Milliarden Menschen, die sonst vor uns gestorben sind? Wie kommt es, dass unzählige Kreuze in Kirchen, auf Bergen, am Wegesrand oder in Klassenzimmern an dieses eine Kreuz erinnern? – Keiner hat das tiefer erfasst und tiefsinniger ausgeführt als der Apostel Paulus. In seinem zweiten Brief an die Korinther fasst er seine Einsichten zusammen. Der Text klingt in unseren modernen Ohren zunächst etwas fremd und sperrig, aber wir werden versuchen, seinem Geheimnis auf die Spur zu kommen (2. Korinther 5,14b-21):

»Wenn einer für alle gestorben ist, so sind sie alle gestorben.

Und darum ist er für alle gestorben, damit, die da leben, hinfort nicht sich selbst leben, sondern dem, der für sie gestorben und auferstanden ist.

Darum kennen wir von nun an niemandem mehr nach dem Fleisch; und auch wenn wir Christus gekannt haben nach dem Fleisch, so kennen wir ihn doch jetzt so nicht mehr.

Darum: Ist jemand in Christus, so ist er eine neue Kreatur, das Alte ist vergangen, siehe, Neues ist geworden.

Aber das alles von Gott, der uns mit sich selber versöhnt hat durch Christus und uns das Amt gegeben, das die Versöhnung predigt.

Denn Gott war in Christus und versöhnte die Welt mit sich selber und rechnete ihnen ihre Sünden nicht zu und hat unter uns aufgerichtet das Wort von der Versöhnung.

So sind wir nun Botschafter an Christi statt, denn Gott ermahnt durch uns; so bitten wir nun an Christi statt: Lasst euch versöhnen mit Gott!

Denn er hat den, der von keiner Sünde wusste, für uns zur Sünde gemacht, damit wir in ihm die Gerechtigkeit würden, die vor Gott gilt.«

Zugegeben, was Paulus hier schreibt, lesen wir nicht in unseren Zeitungen. Die Nachrichten in Fernsehen, Radio und Internet berichten nichts von einem Menschen, der »für uns gestorben« ist. Schon gar nicht von Sünde, Schuld und Gerechtigkeit. Stattdessen lesen und hören wir fast täglich von Firmen, die schließen müssen. Das ist eine Schlagzeile, die sich in verschiedenen Variationen ständig wiederholt. Der Preis der Globalisierung. Bankrott, Pleite, Insolvenz. Wir werden gleich sehen: Damit sind wir gar nicht so weit weg von dem, was Paulus schreibt. Im Gegenteil: Damit sind wir beim Thema.

Immer mehr Firmen geht das Geld aus. Sie müssen Mitarbeiter entlassen und ihren Laden dichtmachen. Kein Investor, der das Unternehmen übernehmen will. Kein Geldgeber, der investieren will. Keiner, der die Schulden übernimmt. Und damit auch keine Zukunft. Dem Insolvenzverwalter blieb nur eines: das Unternehmen zerschlagen und die einzelnen Stücke verkaufen.

Abgewirtschaftet und dann ausverkauft. Überschuldet und zerschlagen. Oft ist das bitter für alle Angestellten, die nun arbeitslos sind. Und es ist bitter für die Firmeninhaber, die das, was sie oft über Generationen hinweg aufgebaut haben, nun in Scherben vor sich liegen sehen.

Genauso sieht es mit unserem Leben aus – wie bei einer maroden Firma. Wir sind abgewirtschaftet. Wir sind überschuldet. Wir stehen kurz davor, zerschlagen zu werden. Das meint zumindest Paulus. An vielen Stellen führt er das aus, etwa in seinem Brief an die Römer:

>*Es ist hier kein Unterschied: Alle haben gesündigt und die Herrlichkeit verloren, die Gott ihnen zugedacht hatte*< *(so Römer 3,22 und 23 wörtlich).*

Wir stecken alle in der Schuldenfalle. Die herrlichen Zeiten sind vorbei. Kein Mensch bleibt davon verschont. Ohne Unterschied ist das unser Schicksal: Wir sind überschuldet. Schuldig geworden an anderen Menschen. Vor allem aber schuldig vor Gott.

Und wir können uns nicht selbst befreien. Uns bleibt nur die Insolvenz. Vor Gott ist unser Leben bankrott. Eigentlich können wir nur darauf warten, zerschlagen zu werden. Wieder Paulus (Römer 6,23, Einheitsübersetzung): *»Der Lohn der Sünde ist der Tod.«* Kein Investor hat Interesse an uns. Wer will schon unsere Schulden übernehmen?

Ich weiß nicht, ob Sie das nachvollziehen können. Es ist die Grundüberzeugung der Bibel: Wir Menschen leben nicht so, wie Gott es von uns gewollt hat. Das

gilt im Großen und im Kleinen. Ob wir auf die Welt-
bühne sehen oder unser eigenes kleines Leben betrachten – wir kommen zum gleichen Ergebnis:

Wir führen Kriege, zerstören die Umwelt und leben
auf Kosten der Ärmeren.
Wir lügen und betrügen.
Wir morden und zerstören.
Wir gieren nach Macht und Geld.
Wir beneiden uns gegenseitig.
Wir finden Geiz geil und vergessen die, die unsere
Hilfe bräuchten.
Wir reden schlecht über andere.
Wir enttäuschen und verletzen uns.
Kurz: Wir werden schuldig voreinander.

Natürlich, wir sind nicht »nur schlecht«, aber es gibt
eben auch niemanden, der »nur gut« wäre. Und damit
können wir vor Gott nicht bestehen. Denn er ist gut,
durch und durch gut.

Wir stecken in der Schuldenfalle. Und die große
Frage unseres Lebens ist: Gibt es einen, der sich investiert? Gibt es einen, der unsere Schulden übernimmt?
Gibt es einen Investor, der unser bankrottes Leben
saniert?

**Gibt es einen Investor, der unser bankrottes Leben
saniert?**

Sehen Sie, genau dieses Wunder geschah Karfreitag. Und das beschreibt Paulus (2. Korinther 5,19):

»Gott war in Christus
und versöhnte die Welt mit sich selber
und rechnete ihnen ihre Schulden [Sünden] nicht zu.«

Gott kommt in die Welt, aber nicht nur als Insolvenzverwalter. Er kommt als Investor. Er investiert sich selbst. Er bringt sich selbst ein in unsere verschuldete Welt. Er übernimmt alles und bezahlt mit seinem Leben. Dafür steht das Kreuz: Jesus Christus geht an unserer Überschuldung zugrunde und tilgt alle Schulden. Alle Kredite sind bezahlt.

So, nur so wird ein Neuanfang möglich. Aber das hat Folgen für uns, ganz weitreichende Folgen. Gottes Investition am Kreuz – das heißt: Für uns ändert sich alles.

Paulus beschreibt einen fünffachen Wechsel.[1]

[1] Anregungen zu diesem Kapitel verdanke ich Joachim Rieger, Zuversicht und Stärke 2004, Heft 3.

Besitzerwechsel

Eine Firma, die am Ende ist und dann aufgekauft wird, bekommt einen neuen Besitzer. So ist das auch bei uns. Jesus hat uns von unseren Sünden freigekauft. Das heißt: Wir, die wir mit Gott versöhnt sind, gehören jetzt Jesus. Noch einmal Vers 15:

> *»Er ist für alle gestorben,*
> *damit alle nicht mehr sich selbst leben,*
> *sondern für den, der für sie gestorben*
> *und auferstanden ist.«*

Den neuen Besitzer hat es viel gekostet. Es hat ihn alles, das Kostbarste, gekostet: sein Leben. Mit seinem Blut hat er unsere Schuld bezahlt. So versöhnt uns Gott mit sich selbst. Als Christen gehören wir deshalb nicht mehr uns selbst, sondern ihm. Christen gehören Christus. Er ist der Besitzer unseres Lebens. Unsere ganze Schaffenskraft, unsere Energie, unsere Kreativität, unsere Ideen, unsere Zeit, unser Geld – alles gehört Jesus.

Nun weiß ich nicht, ob Sie sich als Christ bezeichnen oder nicht. Ein Christ ist man jedenfalls nicht nur aus Tradition, weil man eben im christlichen Abendland geboren ist. Nein, ein Christ ist ein Mensch, der sein Leben von Jesus Christus übernehmen lässt. Wer also nicht mehr sich selbst, sondern ganz Gott gehört. Ein Christ ist ein Mensch, der offen bekennt:
Ich brauch einen, der meine Schulden übernimmt.
»Ich brauch einen, der in mein Leben investiert.
Ich brauch einen, der neu mit mir anfängt.«

Wenn Sie das von Herzen sagen können, dann gibt es eine großartige Nachricht für Sie!

Es gibt einen Investor.

Es gibt einen, der Sie liebt und alles für Sie gibt.

Es gibt einen, der Ihnen Ihre Schuld nimmt und neues Leben schenkt.

Dieser Eine ist Jesus Christus.

Ob wir das jemals wirklich verstanden haben: dass wir als Christen nicht mehr unsere eigenen Chefs sind? Dass wir Jesus Christus gehören?

Das klingt ja erst mal etwas einengend, ist es aber nicht. Denn ein überschuldetes Leben – das hat keine Freiheit mehr. Ein schuldenfreies Leben – das hat wirklich Freiheit. Erst wer ganz Jesus gehört, ist wirklich frei.

Ich weiß nicht, wie es Ihnen geht.

Vielleicht widersprechen Sie innerlich schon die ganze Zeit. Vielleicht geht es Ihnen wie jenem jungen Mann, der aus der Kirche ausgetreten ist und zum Pfarrer gesagt hat:

»Ihr von der Kirche, ihr macht einen immer schlecht. Ihr wollt mir ständig einreden, dass ich ein schlechter Mensch bin. Dass ich ein Sünder bin. Denn erst dann könnt ihr eure Ware verkaufen. Aber ich brauch sie nicht, eure Ware, eure Vergebung und Versöhnung. Ich bin nämlich kein schlechter Mensch. Ich bin schon in Ordnung.«

Dieser junge Mann war wenigstens ehrlich. So denken viele. »Ich bin doch kein schlechter Mensch. Ich hab Versöhnung doch gar nicht nötig.«

Aber hier widerspricht das Neue Testament, hier widersprechen Paulus, Johannes und Co. ganz schlicht.

Ja Jesus selbst sagt: »Doch! Du hast Versöhnung nötig. So wie du bist, kannst du vor Gott nicht bestehen.«

Deshalb zählt Jesus in der Bergpredigt Gottes Gebote auf. Und er zeigt uns: Gegen jedes einzelne haben wir verstoßen. In Gedanken haben wir schon hundert Mal getötet. Mit unseren Augen haben wir schon zig mal die Ehe gebrochen. Mit unseren Worten haben wir schon tausendal verleumdet und gelogen. In unserem Herzen sieht es dunkel aus. Der Neid regiert in uns. Der Geiz herrscht über uns. Der Hass ist unser Besitzer.

Nein, wir sind nicht frei. Wir sind gefangen in uns selbst. Und was wir brauchen, was wir bitter nötig haben, ist ein Besitzerwechsel.

Dazu gehört Mut. Glauben ist ein Wagnis. Das Risiko, sich einem andern ganz anzuvertrauen und sich auf ihn zu verlassen. Aber genau das bedeutet es, Christ zu sein.

Perspektivenwechsel

Ein neuer Besitzer bringt neue Ideen in eine Firma. Ein neuer Besitzer hat eine neue Vision für das Geschäft. Er bringt einen Perspektivenwechsel.

Genauso gibt uns Jesus eine neue Sichtweise. Paulus sagt wörtlich (Vers 16): »Wir kennen nun niemanden mehr nach dem Fleisch.«

Ein merkwürdiger Satz. Damit beschreibt Paulus einen großartigen Wechsel. Einen Wandel unserer Perspektive. Jesus befreit uns davon, immer nur uns selbst zu sehen. »Mich! Mich! Und noch mal Mich!«

Wir sehen niemanden mehr nach dem Fleisch an, das heißt, nach seinem Aussehen oder nach seinem Ansehen, nach seinem Geld, seinem Erfolg, seinem guten oder schlechten Ruf.

Nein, wir sehen alle anderen nach dem Geist. Das heißt: Wir sehen jeden anderen als Geschöpf Gottes. Wir sehen jeden anderen als von Gott begabt. Wir sehen jeden anderen als von Gott geliebt.

Das ist die neue Sichtweise. So sehen Augen der Liebe. So sehen Augen der Gnade. Das sind nicht mehr Blicke voller Neid und Geiz und Zorn, sondern voller Barmherzigkeit.

Und jetzt frage ich Sie: Haben Sie diese Augen? Sehen Sie Ihren Nachbarn so an: In Liebe? Mit Freundlichkeit? Mit ehrlicher Herzlichkeit? Jesus will uns diesen Perspektivenwechsel schenken.

In einem Betrieb gibt es einen solchen Wechsel auch. Wenn sich Mitarbeiter nicht mehr als Konkurrenten ansehen, gegenseitig mobben und bekämpfen, wenn sie sich stattdessen als Mitmenschen ansehen und annehmen, dann ändert sich das Betriebsklima. Ein Perspektivenwechsel bringt einen Klimawechsel.

Als Christen sind wir zwar kein Betrieb, aber wir sind eine Gemeinde. Und da ist es schon eine Frage: Wie ist es um unser Klima bestellt, unser Gemeindeklima? Spürt man da etwas von der Liebe? Ist da etwas erlebbar von der Barmherzigkeit? Leben wir glaubwürdig, was Versöhnung bedeutet?

❋ **Leben wir glaubwürdig, was Versöhnung bedeutet?**

Karfreitag und Ostern sollen mehr für uns sein als nur ein Fest im Jahreslauf. Sie sollen für uns ein Perspektivenwechsel sein.

Imagewechsel

Wenn sich die Perspektive ändert, dann wechselt auch das Image. Eine insolvente Firma hat das auch nötig, einen Imagewechsel. Das kostet viel Mühe. Sie muss das Verlierer-Image loswerden. Das geht nicht von heute auf morgen. Marketingexperten arbeiten daran. Werbestrategien und Konzepte werden entwickelt, um das Image aufzupolieren. Erst wenn das Image wechselt, haben die Produkte wieder eine Chance.

Jesus Christus sorgt für einen Imagewechsel in unserem Leben. Nein, nicht nur äußerlich. Nicht dem Schein nach. Das wäre letztlich nur Heuchelei. Jesus braucht kein Marketing und kein Werbekonzept.

Jesus leitet einen Imagewechsel im wahrsten Sinne des Wortes ein. Denn hinter dem Wort »Image« steckt das lateinische »imago«. Das heißt »Bild«. Jesus gestaltet uns um nach seinem »Bild«.

Wir sind ja als Ebenbild Gottes geschaffen, als »imago Dei«. Nur haben wir dieses Bild durch unsere Sünde verzerrt und verkehrt. Aber Jesus stellt das ursprüngliche Bild wieder her. Er schenkt uns ein neues »Image«. Paulus sagt (2. Korinther 5,17):

»Ist jemand in Christus, ist er eine neue Kreatur. Das Alte ist vergangen; Neues ist geworden.«

Wir werden neu geschaffen. Wenn Jesus unser marodes Leben übernimmt, ändert sich unser Image. Das ist viel mehr als nur die äußere Erscheinung. Ein neues Image bedeutet hier: ein neues Wesen, eine neue Art zu leben. Wer sich Jesus anvertraut, wird verändert. Christ zu sein ist nicht nur eine Art zu denken, eine Weltanschauung. Christ zu sein bedeutet viel mehr: Es bedeutet wirklich ein neues Leben.

Aufgabenwechsel

Wenn eine Firma saniert wird, wird oft Neues produziert. Das Unternehmen wird umgebaut. Der Laden wird zukunftsfähig gemacht. Wenn ein Betrieb erfolgreich umgestaltet wird, dann ändern sich seine Aufgaben. Die Mitarbeiter stehen vor einen Aufgabenwechsel. Aus vielen Firmen wurden in den letzten Jahren mehr und mehr »Dienstleitungsunternehmen«.

Als Christen werden wir zu »Dienstleistern« ganz besonderer Art. Paulus sagt es so (2. Korinther 5,18):

»Gott hat uns das Amt gegeben, das die Versöhnung predigt.«

Das Wort, das Luther mit »Amt« übersetzt, heißt im Griechischen »diakonia«, zu deutsch: Dienst. Wir werden zu Dienstleistern. Denn wir predigen die Versöhnung. Das heißt nun nicht, dass alle Christen auf die Kanzel stürmen und wild drauflospredigen sollen. Es heißt vielmehr:

Wir sagen weiter, was uns trägt und prägt. Wir erzählen, wer unser insolventes Leben übernommen hat. Wir bekennen, wie unsere Schulden bezahlt wurden. Wir dürfen, ja wir können das Kreuz nicht verschweigen.

Als Christen müssen wir ständig von dem reden, der uns »saniert« hat. Der uns von Grund auf heil gemacht hat.

Und wir laden andere ein: »Kommt zum Kreuz!« Das ist jetzt unsere Aufgabe. Paulus sagt sogar (2. Korinther 5,20): *»Wir sind Botschafter an Christi statt.«* Freilich, manchmal tun wir uns ja schwer damit. Wie sollen wir das denn erklären? Wie werden wir denn unsere dunklen Seiten los? Wie werden wir unsere Schattenseiten los?

Manchmal helfen da Bilder weiter. Zum Beispiel das Bild von dem Mann, der seinen Schatten loswerden wollte.

Nicht anderes wollte er, als seinen hässlichen, dunklen Schatten endlich loszuwerden. Und so rannte er und rannte. Er lief immer schneller. Er lief sich die

Lunge aus dem Leib. Aber sein Schatten rannte immer mit. Ganz hartnäckig. Wie sehr er sich auch anstrengte und bemühte – er wurde seinen Schatten nicht los. Er lief, bis er tot zusammenbrach.

Dabei wäre es so einfach gewesen, den Schatten der eigenen Schuld loszuwerden! Wissen Sie wie? Er hätte nur in einen noch dunkleren Schatten zu treten brauchen. In einen Schatten, der seinen eigenen Schatten überdeckt.

Dieser eine dunkle Schatten ist der Schatten des Kreuzes. Dort wird mein Schatten zugedeckt. Der Schatten des Kreuzes ist lang genug. Der Schatten des Kreuzes ist dunkel genug. Dort unter dem Kreuz, nur dort werden wir unseren Schatten los.

Deshalb ist das unsere Aufgabe: Wir rufen. Wir laden ein: »Kommt zum Kreuz und lasst euch versöhnen mit Gott!«

Das ist der Aufgabenwechsel. Hinzu kommt noch ein Wechsel.

Zielgruppenwechsel

Insolvente Unternehmen kreisen nur noch um sich selbst. Ihre Probleme sind oft hausgemacht. Kundenorientierte Unternehmen dagegen sind erfolgreich.

Ein Leben ohne Versöhnung kreist nur um sich selbst. Ein Leben ohne Jesus kreist um die eigene Person und die eigenen Probleme. Es geht immer nur um uns selbst: um unsere Krankheiten, um unsere Sorgen, unsere Rente, unsere Zukunft.

Jesus lenkt unseren Blick weg von uns selbst. Er lenkt unseren Blick auf andere. Er lenkt unseren Blick auf die ganze Welt. »Gott war in Christus und versöhnte *wen* mit sich selber«? Nur meinen Wohnort? Nur mein Bundesland oder unser Land? Nur meine Gemeinde oder meine Kirche? Nein, die ganze Welt! Es geht um nichts Geringeres als die Versöhnung der ganzen Welt. Das schreibt uns Paulus ins Stammbuch: Seht doch einmal weg von euch und eurem Kleinkram!

Die ganze Welt soll von der Versöhnung erfahren. Das ist der Zielgruppenwechsel. Mission fängt vor der eigenen Haustür an. Und Mission geht bis an die Enden der Erde.

Denken wir doch nicht zu klein von dieser Botschaft. Denken wir doch global. Was das Evangelium angeht, da ist Globalisierung längst angesagt.

Vom Kreuz und vom leeren Grab aus geht es um die Welt. Was Jesus getan hat, sollen wir allen weitersagen. Die Tat von der Versöhnung braucht das Wort von der Versöhnung. Alle sollen es hören. Das ist ein Zielgruppenwechsel! Die Welt ist Zielgruppe der Versöhnung.

Gemeinden, die von der Versöhnung leben, geben sie weiter. Gesunde Gemeinden unterstützen Weltmission. Und wer an der Weltmission spart, wird innerlich krank und macht selbst irgendwann Minus. Deshalb brauchen wir als Kirche immer wieder diesen Zielgruppenwechsel.

Kurzum: Karfreitag und Ostern sind mehr als die Erinnerung an vergangene Zeiten: Jesus macht unsere überschuldete Lebensfirma wieder fit. Seine Versöhnung am Kreuz ändert alles. Er selbst macht sich buchstäblich zum Sündenbock. Und wir werden umsonst gerecht, allein durch seine Gnade.

Verkehrte Welt! Für uns ein fünffacher Wechsel: der Besitzer, die Perspektiven, das Image, die Aufgaben und die Zielgruppen wechseln. Wenn wir Karfreitag bewusst erleben, können wir nicht bleiben, wie wir sind. Die Herausforderung gilt zuerst uns: »Lasst euch versöhnen mit Gott!«

3 Ein Oster- spaziergang

Karfreitag und Ostern sind nicht voneinander zu trennen. Wir können nicht angemessen von Ostern reden, ohne das Kreuz in den Blick zu nehmen. Umgekehrt wäre das Kreuz ohne den Ostermorgen bedeutungslos. Der Mann, der auf wundersame Weise am Ostermorgen aus dem Grab auferstanden ist, trägt noch die Wundmale des Kreuzes an seinen Händen und Füßen und an seiner Seite. Der König vom Kreuz erweist seine Herrschaft, indem er von den Toten aufersteht, den Tod besiegt, neues Leben möglich macht. Die letzte Mauer ist durchbrochen. Eine unglaubliche Nachricht. Und doch ist sie der Grund unserer Hoffnung.

Aber bevor wir uns näher mit der Bedeutung von Ostern beschäftigen, möchte ich Sie zu einem Osterspaziergang einladen. In der Frühlingszeit haben Sie das vielleicht ohnehin schon vorgehabt. Wir suchen die ersten Sonnenstrahlen, freuen uns an den ersten Blüten und am frischen Grün. Es ist doch so: Weihnachten feiern wir gerne drinnen, im Wohnzimmer, unter dem Christbaum, vor dem Ofen oder dem offenen Kamin, bei Kerzenschein und wohlig warmer Gemütlichkeit. Aber Ostern drängt es uns nach draußen. So wie die Krokusse aus der Erde drängen, so wie die ersten Knospen treiben und wie die Vögel zum Trällern drängen, so zieht es uns ins Freie.

Aber ich will Sie nicht auf einen Hügel, eine Frühlingswiese oder an einen heiter plätschernden Bach hinaus begleiten. Ich führe Sie vielmehr hinaus auf den Friedhof. Von fern sehen wir die große, alte Steinmauer, die das Gelände umfasst. Vor dem Eingang ein Schild mit der Friedhofsordnung. Das gusseiserne Tor ächzt und stöhnt beim Öffnen. Wir betreten das

Gelände, setzen unseren Fuß auf ein uns irgendwie fremdes und doch vertrautes Land. Der Friedhof ist ein besonderer, ein buchstäblich eigenartiger Ort.

Tausendmal Endstation

Der Friedhof ist kein Marktplatz, wo lauthals Ware angeboten und hart verhandelt wird. Der Friedhof ist kein Sportplatz, wo lautstark geschrieen, gepfiffen und gegröhlt wird. Der Friedhof ist nicht einmal ein Kirchplatz, wo mal laut, mal leise gegrüßt, geredet und gelacht wird. Nein, es ist ein eigentümlicher Ort. Eine ganz eigene Ruhe kennzeichnet ihn. Ein Platz mit einer eigenen Ordnung. Und ein ganz eigenartiges Gefühl beschleicht den, der ihn betritt; nicht nur bei einer Beerdigung.

Der Friedhof ist ein Ort der Trauer. Ein Ort der Erinnerung. Hunderte, manchmal Tausende von Grabsteinen. Wenn wir durch das Labyrinth von Wegen und kleinen Gassen gehen, dann sehen wir sie. Kleine und große Steine. Teure und edle, manchmal auch protzige, aber auch schlichte und bescheidene, manchmal sogar verkommene und mit Unkraut und Moos überwucherte Steine. Hier glänzender Marmor, dort grauer Granit, da fast sanfter Sandstein. Zahllose Namen, in Stein graviert. Zahllose Leben, deren Ende sich hier widerspiegelt. Die zahllosen Grabsteine, sie sind allesamt Schlusssteine eines Erdenlebens. Das ist der Friedhof, eben kein Bahnhof mit An- und Abfahrt, sondern unzählige Male Endstation! Und in mir keimt das beklemmende Gefühl: Auch für mich wird hier einmal Endstation sein.

Ist das wirklich der richtige Ort für einen Osterspaziergang? Kaum einer wird dieses Buch in der Hand haben, der noch keine Träne auf einem Friedhof gelassen hat. Kaum eine, die noch keinen lieben Menschen auf dem Friedhof zurückgelassen hat. Kaum jemand bleibt ein Leben lang ohne diesen Schmerz, diesen Stachel im Herzen, diese Wunde in der Seele.

Auch Maria nicht. Sie wählte am ersten Ostern denselben Weg hinaus auf den Friedhof. Zwei Freundinnen begleiten sie. Sie geht – Tränen in den Augen – an den Gräbern vorbei. Sie sieht die Grabsteine. Doch der schwerste Grabstein liegt ihr auf dem Herzen. Die Last zerstörter Hoffnungen. Sie geht gebeugt, gebückt. Die Trauer drückt sie schwer. Der Weg, den Maria über den Friedhof geht, ist ein unendlich schwerer Weg.

Begonnen hat er in Magdala. Damals, als ihr Jesus zum ersten Mal begegnet war. Sieben böse Geister hatten sie getrieben. Sie war eine Gefangene ihrer selbst. Von einer höllischen Krankheit gefesselt, geschunden, geplagt. Von dämonischen Mächten hin- und hergerissen. Vom Teufel geritten. Aber dann war sie Jesus begegnet – zum ersten Mal. Und er hatte sie geheilt. Ein wahres Wunder hatte sie erlebt. Jesus hatte sie befreit; ein neues Leben hatte er ihr geschenkt. Seither war sie ihm und den Jüngern gefolgt. Gedient hatte sie ihm, ihn versorgt mit Hab und Gut. Durch Jesus hatte sie eine neue Aufgabe gefunden.

Aber jetzt ist alles vorbei. Jesus ist gekreuzigt, gestorben und begraben. Seit diesem Passahfest ist alles anders. Ihr Weg mit Jesus endet auf dem Friedhof.

Wieder einmal ist der Friedhof Endstation. So scheint es zumindest.

In Matthäus 28,1-10 lesen wir:

»Als aber der Sabbat vorüber war und der erste Tag der Woche anbrach, kamen Maria von Magdala und die andere Maria, um nach dem Grab zu sehen. Und siehe, es geschah ein großes Erdbeben. Denn der Engel des Herrn kam vom Himmel herab, trat hinzu und wälzte den Stein weg und setzte sich darauf. Seine Gestalt war wie der Blitz und sein Gewand weiß wie der Schnee. Die Wachen aber erschraken aus Furcht vor ihm und wurden, als wären sie tot.

Aber der Engel sprach zu den Frauen: Fürchtet euch nicht! Ich weiß, dass ihr Jesus, den Gekreuzigten, sucht. Er ist nicht hier; er ist auferstanden, wie er gesagt hat. Kommt her und seht die Stätte, wo er gelegen hat; und geht eilends hin und sagt seinen Jüngern, dass er auferstanden ist von den Toten. Und siehe, er wird vor euch hingehen nach Galiläa; dort werdet ihr ihn sehen. Siehe, ich habe es euch gesagt. Und sie gingen eilends weg vom Grab mit Furcht und großer Freude und liefen, um es seinen Jüngern zu verkündigen.

Und siehe, da begegnete ihnen Jesus und sprach: Seid gegrüßt! Und sie traten zu ihm und umfassten seine Füße und fielen vor ihm nieder. Da sprach Jesus zu ihnen: Fürchtet euch nicht! Geht hin und verkündigt es meinen Brüdern, dass sie nach Galiläa gehen: Dort werden sie mich sehen.«

»Fürchte dich nicht!«

Aber dann überschlagen sich die Ereignisse. Als sie zum Grab kommt, ist der Grabstein weg. Maria steht mit ihren Freundinnen davor und ist entsetzt. Unglaubliches muss geschehen sein.

Die Erde bebt. Auch der Himmel kommt in Bewegung. Der Engel des Herrn benutzt den tonnenschweren Grabstein als Hocker. Und Maria ist zu Tode erschrocken.

Wie gut tut ihr da das erste Wort des Engels:
»Fürchtet euch nicht!
Ich weiß, dass ihr Jesus, den Gekreuzigten, sucht.
Er ist nicht hier;
er ist auferstanden, wie er gesagt hat.«

»Fürchte dich nicht!«

Das hat dieser Engel des Herrn im Matthäus-Evangelium schon einmal gesagt. Ganz am Anfang, zu Josef, dessen Frau ganz unverhofft schwanger war, damals, als die Geschichte von Jesus mit dem Wunder von Bethlehem begann. Jetzt geschieht das Wunder in Jerusalem.

Wundersam handelt Gott. Und wer das erlebt, erschrickt. Wer Gottes Handeln begegnet, kann nicht anders als erschrecken. Deshalb begleitet Gott sein Handeln durch sein Wort. *»Fürchtet euch nicht!«* lässt er den Engel sagen. Unzählige Male zuvor hat er es gesagt – zu Mose, zu Jesaja, zu Israel. Jesus selbst hat es zu den Jüngern gesagt.

Und sehen Sie, das ist das Erste, was Gott *Ihnen* sagt, gerade am Ort Ihres Schreckens:

»Fürchte dich nicht! Auch wenn du vor Schreck erstarrt bist. Auch wenn Trauer und Schmerz dich lähmen. Auch wenn Angst und Sorge dich quält. Ich sage dir: Fürchte dich nicht!«

Ich möchte Sie heute bitten: Hören Sie es! Ich sage nicht: »Unterdrücken Sie Ihre Furcht!« Ich fordere nicht: »Besiegen Sie Ihre Angst!« Oder: »Überwinden Sie Ihre Trauer« Nein, ich will Sie nur bitten: Hören Sie, wie der Engel des Herrn Ihnen sagt: »Fürchte dich nicht!« Nur hören. Mehr nicht.

»Er ist nicht hier.«

Maria hört es – und sie hört weiter zu, was der Engel ihr sagt.

»Ich weiß, dass ihr Jesus, den Gekreuzigten sucht.«
Jesus von Nazareth ist seit Golgatha der Gekreuzigte. So redet der Engel von ihm. Und er bleibt es bis heute. Jesus ist der Gekreuzigte bis in alle Ewigkeit. Wie gesagt, später werden auch die Jünger am Leib des Auferstandenen die Nägelmale erkennen.

Jesus bleibt der Gekreuzigte. Der, der für uns in den Tod gegangen ist. Der, der an unserer Stelle verurteilt worden ist. Der, der die Sünde der ganzen Welt getragen hat und einen im wahrsten Sinne des Wortes »gottverdammten« Tod gestorben ist. *»Verflucht ist der am Holze hängt«,* heißt es nämlich im Alten Testament.

Jesus ist bis zur Endstation gefahren. Weiter noch: Sogar hinunter in die Hölle ist er gefahren. Am Kreuz hat er buchstäblich die Hölle erlebt.

Diesen Jesus also *suchen* Maria und ihren Freundinnen. Doch der Engel sagt – so ganz nebenbei – einen ungeheuren Satz. Ganz unscheinbar, ganz belanglos klingt er. Aber in ihm steckt ein Sprengstoff, der Himmel und Erde bis ins Mark erschüttert: »Er ist nicht hier.«

So sagt der Engel und rutscht auf dem Grabstein hin und her. Wie ein Donner klingen diese Worte. Wie ein Triumphruf aus einer anderen Welt. Vier schlichte Worte, die das Naturgesetz des Todes außer Kraft setzen.

Das ist das Evangelium pur, das Sünde, Tod und Teufel jede Macht nimmt: »Er ist nicht hier.« Der Tod konnte Jesus nicht halten. Das Grab konnte ihn nicht einschließen.

»Er ist nicht hier.« Das sprengt all unsere Vorstellungsmöglichkeiten.

Das sprengt all unsere Vorstellungsmöglichkeiten.

Wir können das nicht begreifen. Und interessant: Es steht auch kein Wort davon da, wie es zugegangen ist, dass Jesus auferstanden ist. Nur eins ist klar: Das Grab ist leer. Jesus ist auferstanden. Er ist wahrhaftig auferstanden. Und er ist eben nicht hier im Grab, nicht hier bei den Toten, nicht hier, wo die Frauen ihn vermuten und suchen.

Wo suchen wir Gott?

Ob wir Gott nicht auch manchmal an der falschen Stelle suchen? Manche suchen Jesus in der Geschichte, der Religionsgeschichte. Ein interessanter Mann muss er gewesen sein. Ein Revolutionär im Reden und Handeln, um den sich viele Legenden ranken. Ein großer Denker und Lehrer, ein großer Philosoph, ja sogar ein Prophet, eben ein Großer der Geschichte. Aber wir finden Jesus nicht in der Geschichte. *Er ist nicht hier.*

Manche suchen Jesus im religiösen Gefühl. Im intensiven In-sich-Gehen muss man ihn finden. Im Lobpreis, in der Meditation, in der Ekstase. Nur innig genug muss es sein. Nur hingebungsvoll genug. Aber wir finden Jesus nicht im Gefühl. *Er ist nicht hier.*

Manche suchen Jesus im religiösen Gesetz. Im rechten Handeln wird man ihn finden. Wir brauchen nur anständig zu sein und rechtschaffen und ordentlich und korrekt und alles so machen, wie es immer schon recht war. Und wir müssen vor allem das Rechte wollen. »Wer nur strebend sich bemüht, den können wir erlösen.« Aber wir finden Jesus nicht im Gesetz. *Er ist nicht hier.*

Jesus begegnen wir nur dann, *wenn wir auf das Wort Gottes hören und ihm ganz schlicht folgen.*

So ging es Maria.

Sie hört zu. Sie hört einfach nur zu, was ihr der Engel des Herrn sagt. Jesus sei auferstanden. Er ginge voran nach Galiläa. Und dort würde er den Jüngern begegnen. Deshalb sollten sie hingehen und es den Jüngern sagen.

Also ehrlich, was ist denn das für ein Auftrag?! Aber Maria hört es und tut es. Sie hört und ist einfach gehorsam.

Hören und gehorchen

Die Frauen gingen eilends weg, heißt es. Mit Furcht und großer Freude, und sie liefen, um es den Jüngern zu sagen. Sie haben einfach getan, was der Engel ihnen gesagt hat. Sie haben einfach das Wort gehört und sind gefolgt.

Da steht nichts von Verstehen. Nichts von Hinterfragen und Diskutieren und Erörtern und Abwägen. Nein, die Frauen sind unglaublich unkritisch. So befremdend vertrauensselig. So seltsam folgsam. Wirklich merkwürdig.

Aber gerade als sie – ohne zu zögern und zu fragen – genau das tun, was der Engel ihnen gesagt hat, just in diesem Moment geschieht das größte aller Wunder. Und das stellt alles, was sie eben erlebt haben, nochmals in den Schatten.

»Und siehe, da begegnete ihnen Jesus und sprach: Grüß Gott!«

Wieder so etwas Ungeheuerliches: Plötzlich steht Jesus da und grüßt sie mit einem ganz alltäglichen Gruß.

Vorher hörten sie das Wort Gottes. Von einem Boten zwar, einem Engel, aber schon das war gewaltig. Sie folgten diesem Wort aufs Wort. Und genau dann begegnen sie Jesus persönlich.

Das ist es. Hören und gehorchen – das ist das Geheimnis. So begegnen wir dem lebendigen Gott. So erleben wir unser ureigenes Wunder, unser Osterwunder.

Ich weiß nicht, ob Sie dem lebendigen Jesus Christus schon begegnet sind. Vielleicht suchen Sie ihn bei den Toten. Vielleicht sind Sie ein Denker oder eine Denkerin und suchen ihn verzweifelt in der Geschichte. Vielleicht sind Sie ein sensibler Mensch und suchen ihn verzweifelt im Gefühl. Vielleicht sind Sie ein pflichtbewusster Zeitgenosse und suchen ihn verzweifelt in Ihrem gesetzlichen Tun.

Wie verzweifelt Sie auch suchen – dort werden Sie ihn nicht finden. Aber zum Verzweifeln haben Sie keinen Grund: Denn gerade dort, wo Sie ihn suchen, begegnet Ihnen ein Engel. Und der sagt Ihnen das Unglaubliche: »Fürchte dich nicht! Er ist nicht hier. Jesus ist auferstanden. Er lebt!«

Hören Sie es! Hören Sie einfach und gehorchen Sie. Glauben Sie das Unglaubliche und sagen Sie es weiter. Es wird Ihnen gehen wie Maria: In diesem Moment begegnet Ihnen Jesus.

Anders kann ich das Osterwunder nicht beschreiben. Anders wüsste ich nicht, wie Ostern erfahrbar werden könnte. Aber so, durch das schlichte Hören, haben Millionen Menschen erlebt: Ostern ist mehr als eine alte Geschichte. Ostern ist Leben pur. Ostern ist ein Wunder, und ich bin mittendrin.

Zum Begreifen wirklich

Maria tritt ihm entgegen. Sie fällt auf den Boden und umfasst seine Füße. Dann wiederholt der Auferstandene die Worte des Engels: »Fürchtet euch nicht!« Und auch weiter hören sie von Jesus nichts anderes als von dem Engel zuvor.

Das Atemberaubende hat nichts Spektakuläres. Ein gewöhnlicher Gruß. Einige wenige Worte. Ein Leib, der sich berühren lässt. Ein Lebendiger, der sich betasten lässt. Der Auferstandene zum Begreifen nah.

So werden wir einmal selbst leibhaftige Personen sein, wenn wir in Ewigkeit bei Gott sind. Wir werden einen Leib haben. Einen anderen, einen neuen Leib. Wir werden wieder sehen, und wir werden einander erkennen.

Das ist die Pointe von Ostern. Nicht nur Jesus ist auferstanden. Auch wir werden auferstehen. Er ist der Erste, der auferstanden ist. Und so wird es auch uns ergehen, wenn wir ihm folgen.

Was für eine Aussicht! Was für eine Hoffnung! Was für eine Überraschung beim Osterspaziergang!

Maria von Magdala ist die erste Osterzeugin. Ihr Osterspaziergang brachte die große Wende. Sie hat erlebt: Der Friedhof ist keine Endstation. Er ist eine Durchgangsstation zum ewigen Leben.

Der Kopf ist schon durch

Vor einiger Zeit habe ich die Geschichte von der kleinen Julia und ihren Eltern gelesen. Eine Geschichte, die die Seele berührt.

Julia ist neun Jahre alt. Ihre Eltern leiten ein christliches Freizeitheim in den Alpen. Es ist ein schöner Frühlingstag am Nebelhorn. Julia und ihre Mutter gehen noch einmal zum Skifahren. Sie genießen den Tag auf der Piste.

Plötzlich, bei einer steilen Abfahrt, stürzt Julia. Mehrere hundert Meter rutscht sie abwärts. Sie kann nicht bremsen. An Fangzaun, an Felsen und Bäumen vorbei. Dann stürzt sie eine 50 Meter hohe Felswand in die Tiefe.

Währenddessen hält der Vater im Gästehaus eine Bibelarbeit. Sein Thema ist Epheser 1,18-20:

»Ihr sollt erfahren, dass die gleiche Kraft in euch wohnt, die Jesus Christus von den Toten auferweckt hat.«

Darüber predigt er. Einer seiner letzten Sätze ist: »Wer an den auferstandenen Jesus glaubt, kann auch einmal dem Tod getrost ins Auge sehen.« Mitten aus dieser Predigt heraus wird er ans Telefon gerufen. Seine Frau sagt nur: »Julia ist abgestürzt. Wir müssen mit dem Schlimmsten rechnen.« Er fährt zum Skilift. Nach langen Minuten der Unsicherheit steht es fest: »Ihre Tochter ist tot.« Für die Familie schreckliche Stunden.

Die Eltern kommen nach Hause. Sie gehen in Julias Zimmer. Dort finden sie ein Osterei aus Pappkarton auf ihrem Schreibtisch. Sie hatte es in der Kinderstunde gebastelt. Darauf ein Bild vom offenen Grab mit dem ausgemalten Satz:

»Jesus sagt: Ich bin die Auferstehung und das Leben. Wer an mich glaubt, der wird leben, auch wenn er gestorben ist.« (Johannes 11,25)

Fast ein Jahr später schrieb der Vater über seinen Glauben: »Ich stelle mir das vor wie bei einer Geburt: Jede Hebamme ist froh, wenn der Kopf durch ist. Dann ist das Wichtigste passiert.«

Genau das bedeutet Ostern: Der Kopf ist schon durch. Jesus ist schon durch. Er ist auferstanden. Er hat das neue Leben. Aber er behält es nicht für sich allein. Er ist das Haupt, wir sind die Glieder. Er ist der Kopf, und er wird uns nachziehen. So ist das bei jeder Geburt. Wenn der Kopf durch ist, dann ist das Entscheidende passiert.

So gewiss Jesus lebt, so gewiss werden wir auch leben.

In einem alten Osterlied heißt es:

Jesus, er mein Heiland, lebt;
ich werd auch das Leben schauen,
sein, wo mein Erlöser schwebt;
warum sollte mir denn grauen?
Lässt auch ein Haupt sein Glied,
welches es nicht nach sich zieht?

(Otto von Schwerin, 1653, Evangelisches Gesangbuch Nr. 563, Vers 2)

Ostern lässt sich nicht in der Theorie erfassen, am Schreibtisch im Studierzimmer oder am Stammtisch in der Diskussionsrunde.

Ostern lässt sich nicht in der Theorie erfassen, am Schreibtisch im Studierzimmer oder am Stammtisch in der Diskussionsrunde.

Ostern geht mich persönlich an. Es geht um mein Leben und um mein Sterben. Ostern wird relevant, wenn wir auf den Friedhof gehen. Wenn wir am Grab eines vertrauten Menschen stehen. Und Ostern wird erst recht bedeutsam, wenn wir auf den Friedhof getragen werden.

Deshalb sehen wir, wenn wir nach Ostern fragen, nie nur zurück in die Geschichte, sondern wir sehen voraus auf unser eigenes Geschick. Was wird einmal geschehen? Was können wir erwarten? Gibt es so etwas wie eine Auferstehung?

4 Auferstanden – kann das sein?

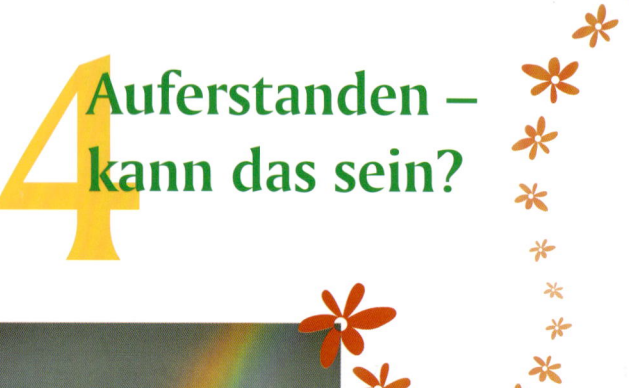

Für das Neue Testament sind die Berichte von der leiblichen Auferstehung absolut grundlegend. Es besteht kein Zweifel daran, dass sie genau so gemeint sind, wie sie geschrieben sind. Der moderne Geist reibt sich dennoch an diesen Vorstellungen. Der Opfertod am Kreuz und die Ostererscheinungen – kann man heute wirklich ernsthaft daran glauben? Eine kurze Erwiderung auf die vielfache Kritik am christlichen Glauben.

Verschiedene Forscher haben das Wunder zu erklären versucht. In Wirklichkeit sei Jesus nicht auferstanden. Die Osterzeugnisse der Bibel seien vielmehr erst nachträglich in der christlichen Gemeinde gebildet worden. Vermutlich hätten Petrus und Paulus Visionen gehabt; und in die Berichte von diesen Visionen habe man nach und nach die Osterberichte eingetragen. Sie seien ein Stück Trauerarbeit der Jünger, die den Tod ihres Meisters so verarbeitet hätten und im Übrigen deutlich machen wollten, dass Jesus auch nach seinem Tod noch von Bedeutung wäre. Tiefenpsychologisch und überlieferungsgeschichtlich wird argumentiert. Der moderne Geist arbeitet so lange an den Osterberichten, bis er sie verstehen kann. Dabei reduziert er sie aber zwangsläufig auf das Verständliche, das Irdische, auf das, was schon immer da war.

Ostern lässt sich nicht beweisen

Um es ganz klar zu sagen: Ostern lässt sich nicht beweisen. Die Auferstehung eines Toten durchbricht alle Naturgesetze. Die Berichte sind so einzigartig, so anstößig, so unglaublich, dass sie mit den Mitteln der historischen Arbeit schlicht nicht belegt oder widerlegt werden können. Abgesehen davon, dass historische Urteile immer nur Wahrscheinlichkeitsurteile sind, lässt sich ein einzigartiges Geschehen niemals wahrscheinlich machen. Etwas, das in der Geschichte vergeblich seinesgleichen sucht, etwas total Analogieloses kann historisch nicht zweifelsfrei belegt werden. Und doch machen einige Überlegungen stutzig. Sie stellen sehr infrage, ob eine solche Geschichte wie die Ostergeschichte überhaupt wirklich hätte erfunden werden können.

Zum einen geht das gesamte jüdische Denken von einer leiblichen Auferstehung am Ende der Zeit aus. Das war zur Zeit von Jesus eine gängige Vorstellung, die sich in vielen Texten nachweisen lässt. Dabei wurde die Auferstehung nie nur geistig gedacht, sondern man stellte sich vor, dass sich die Gräber öffnen und die Verstorbenen leiblich auferstehen. Die ersten Christen waren Juden und haben im Rahmen des jüdischen Denkens ihre Osterberichte weitergegeben. Dabei haben sie selbstverständlich an eine leibliche Auferstehung gedacht. Manche Kritiker verkennen diesen historischen Horizont des Neuen Testaments.

Zum andern muss das Auffinden des leeren Grabes die Jünger erst dazu veranlasst haben, von Jesus zu reden. Sie konnten ihn an seinem Grab nicht als Märtyrer verehren, was damals bei gewaltsam getöteten Propheten durchaus üblich war. Ein Märtyrerkult am Grab von Jesus war gerade dadurch unmöglich geworden, dass das Grab leer war. Ansonsten hätte es um den gekreuzigten Jesus von Nazareth einen Märtyrerkult wie um unzählige andere Propheten gegeben – und sein Leben wäre eine Episode der Geschichte geblieben. Erst das leere Grab macht sein Leben und Sterben buchstäblich so bemerkenswert.

Schließlich sind die ersten Zeugen des leeren Grabes ausgerechnet Frauen. Maria begegnet Jesus vor den Jüngern. Wer eine Geschichte glaubhaft hätte erfinden wollen, hätte mit Sicherheit nicht an erster Stelle Frauen auftreten lassen. Das wäre alles andere als sinnvoll gewesen, da Frauen zur damaligen Zeit nicht als volle Zeugen anerkannt waren.

Mehr als »Elvis lebt«

Außerdem ist historisch eindeutig zu rekonstruieren, dass sich die gesamte missionarische Bewegung des Urchristentums der Erscheinung des Auferstandenen verdankt. Innerhalb weniger Jahre ging diese Nachricht um die Welt. Irgendetwas muss diese Bewegung ausgelöst haben. Es können nicht nur der Tod eines Menschen und ein paar Legenden um sein angebliches Wiedererwachen gewesen sein – so wie bis heute schmunzelnd behauptet wird, dass Elvis lebt. Ein solcher Impuls wäre nach wenigen Jahren abgeebbt und hätte sich nur auf eine kleine Schar rückwärtsgewandter Anhänger beschränkt.

Aber die erste Gemeinde explodierte förmlich. Von Jerusalem verbreitete sich das Evangelium in Windeseile nach Kleinasien und von dort bis nach Rom, Westeuropa und Nordafrika. Wer einigermaßen realistisch in die Geschichte blickt, muss zu dem Schluss kommen: Einer solchen Bewegung muss eine einzigartige Erfahrung zugrunde liegen. Am wahrscheinlichsten ist immer noch, dass es genau die Erfahrungen sind, die uns im Neuen Testament überliefert sind.

Ein Letztes: Wir werden den alten Zeugnissen mit Sicherheit nicht gerecht, wenn wir sie in den engen Horizont unseres Denkens pressen wollen. Sie wollen vielmehr unser Denken in die Weite einer neuen Wirklichkeit führen. Ostern ist mehr. Es passt nicht in unsere Kategorien und Denkschemata. Wie könnte es auch! Die Osterberichte erzählen ja gerade davon, wie ein Ereignis alle bisherigen Grenzen sprengt. Wir können als Sterbliche nicht weiter denken als eben bis zum Tod. Dass der Tod nicht ist, das ist schlechterdings nicht vorstellbar. Allmächtig regiert er alles Leben in dieser Welt. Ostern macht aber deutlich: Diese Macht ist vom Thron gestoßen. Das Leben siegt doch. Der Schöpfer der Welt überwindet selbst den Tod.

Zukunftsmusik

Die Osterberichte erzählen von einem neuen Lied. Sie stimmen eine ganz neue Tonart an, die niemals zuvor erklungen ist. Zweifellos geheimnisvoll. Angesichts des offenen Grabes bleiben Fragen offen, für die Menschen vor 2000 Jahren nicht weniger als heute. Der Stein, der von dem Grab weggerollt wurde, bleibt ein Stein des Anstoßes. Ostern hat noch nie in ein Weltbild gepasst. Aber Ostern hat die Welt verändert.

Von Eberhard Jüngel, einem bedeutenden Theologen unserer Zeit, stammen folgende Zeilen, die auch im Evangelischen Gesangbuch von Württemberg auf Seite 239 zu lesen sind:

»Wenn es so etwas wie Zukunftsmusik gibt, dann war sie damals, dann ist sie am Ostermorgen an der Zeit: zur Begrüßung des neuen Menschen, über den der Tod nicht mehr herrscht. Das müsste freilich eine Musik sein – nicht nur für Flöten und Geigen, nicht für Trompeten, Orgel und Kontrabass, sondern für die ganze Schöpfung geschrieben, für jede seufzende Kreatur, so dass alle Welt einstimmen und groß und klein, und sei es unter Tränen, wirklich jauchzen kann, ja so, dass selbst die stummen Dinge und die groben Klötze mitsummen und mitbrummen müssen: Ein neuer Mensch ist da, geheimnisvoll uns allen weit voraus, aber doch eben da.«

5
Tears in Heaven –
Tränen im Himmel

Eine persönliche Frage: Wann haben Sie zuletzt Tränen in den Augen gehabt?

Vielleicht waren es Tränen der Freude! Über ein Geschenk. Über eine Überraschung, die ganz unerwartet kam und Sie überwältigt hat. Oder Sie haben Tränen gelacht beim letzten Fest, weil es so herrlich lustig war, Tränen der Freude.

Vielleicht waren es auch Tränen der Schmerzen. Kinder weinen sie oft, kleine und große Kinder. Wenn eine Verletzung weh tut. Wenn eine Wunde schmerzt. Wenn einem der Schreck in die Glieder fährt. Dann kommen sie angelaufen, der Mutter in die Arme, und schluchzen. Und die tröstet und wischt sie weg, die Tränen der Schmerzen.

Vielleicht waren es aber auch Tränen der Trauer. Weil Sie einen lieben Menschen verloren haben. In diesem Jahr. Oder schon vor längerer Zeit. Aber sie kommen immer wieder, die Tränen. Sie können sie gar nicht zurückhalten.

Tränen der Trauer, manchmal werden sie zu Tränen der Verzweiflung. Und manchmal vertrocknen sie auch, die Tränen. Weil Sie nicht mehr weinen können. Weil Sie leer geweint sind, nur noch leer, und nichts mehr sagen, nicht mehr klagen können. Ausgetrocknet. Wüste in der Seele. Tränen der Trauer – immer wieder brechen sie hervor.

Welche Tränen auch immer Sie in den Augen haben oder hatten, heimlich für sich im Zimmer, vielleicht unter der Bettdecke oder ganz offen vor andern Menschen, jetzt sollen sie zur Sprache kommen. Gott selbst bringt sie zur Sprache. Jesus bringt sie zur Sprache, indem er Johannes zu uns reden lässt. Im letzten

Buch der Bibel öffnet uns Johannes den Himmel. Lesen Sie selbst, Offenbarung 21,1-7:

»Und ich sah einen neuen Himmel und eine neue Erde; denn der erste Himmel und die erste Erde sind vergangen, und das Meer ist nicht mehr. Und ich sah die heilige Stadt, das neue Jerusalem, von Gott aus dem Himmel herabkommen, bereitet wie eine geschmückte Braut für ihren Mann.

*Und ich hörte eine große Stimme von dem Thron her, die sprach: **Siehe da, die Hütte Gottes bei den Menschen! Und er wird bei ihnen wohnen, und sie werden sein Volk sein und er selbst, Gott mit ihnen, wird ihr Gott sein; und Gott wird abwischen alle Tränen von ihren Augen, und der Tod wird nicht mehr sein, noch Leid noch Geschrei noch Schmerz wird mehr sein; denn das Erste ist vergangen.***

*Und der auf dem Thron saß, sprach: **Siehe, ich mache alles neu!** Und er spricht: Schreibe, denn diese Worte sind wahrhaftig und gewiss! Und er sprach zu mir: Es ist geschehen. Ich bin das A und das O, der Anfang und das Ende. Ich will dem Durstigen geben von der Quelle des lebendigen Wassers umsonst. **Wer überwindet, der wird es alles ererben, und ich werde sein Gott sein und er wird mein Sohn sein.«***

Es ist eine Szene aus dem Himmel. Johannes lässt uns die kommende Welt sehen. Einen neuen Himmel und eine neue Erde. Unvorstellbar, großartig, wunderbar, einfach herrlich.

Wollten wir diese Szene in einem Film zeigen –
wir könnten es nicht. Uns fehlten die Bilder.
Wollten wir diese Szene im Theater darstellen –
wir könnten es nicht. Uns fehlten die Figuren.

Wollten wir diese Szene auch nur in ein Bild malen –
wir könnten es nicht. Uns fehlten die Farben.

Dieses Wunder begreifen und erfassen wir nicht. Der
Himmel ist uns zu hoch. Und doch lässt uns Johannes
einen Blick wagen in das neue Jerusalem, in die heilige Stadt, mit ihren goldenen Gassen, mit ihren zwölf
Perlentoren und ihren Mauern aus Edelsteinen. Aber
es gibt in dieser himmlischen Szene etwas zutiefst
Irdisches. Etwas bringen wir Menschen offensichtlich
mit in den Himmel: Es sind unsere Tränen!

Gott weiß um unsere Tränen

Das ist das Erste, das wir uns merken müssen. Ich
finde, das ist etwas ungeheuer Tröstliches: Selbst im
Himmel, in all dieser unvorstellbaren Pracht, haben
unsere Tränen einen Platz.

Nichts sonst nehmen wir mit in den Himmel. Unsere Schuld nicht. Unsere Sorgen nicht. Selbst das Leiden nicht. Kein Schmerz wird mehr sein. Kein Geschrei
wird mehr zu hören sein, das Geschrei der Kriegstrei-
ber nicht und das Geschrei der Verfolgten nicht. Sogar
Tod und Sterben werden nicht mehr sein. All das
bleibt zurück in der alten Welt, es ist vergangen. Tod
und Sterben sind einfach Vergangenheit.

Jetzt ist Leben angesagt, ewiges Leben, Herrlich-
keit. All den irdischen Ballast lassen wir zurück, aber
unsere Tränen nehmen wir mit.
Ist das nicht geheimnisvoll? Wenn die Tränen sogar im
Himmel noch einen Platz haben, welche Würde gibt

Gott unserem Leiden hier auf dieser Welt! Gott weiß um unsere Tränen.

Nicht das Lachen der Sieger wird zu hören sein. Die Jubelrufe der Starken finden keinen Nachhall. Auch die Gesänge der Gewinner dieser Welt finden kein Echo. Nein, das Einzige von hier, das dort noch sein wird, sind unsere Tränen.

Wenn das so ist, dann denken Sie doch daran, jetzt in Ihrer Trauer, heute in Ihrem Leid, in den Schmerzen Ihres Lebens: Tränen sind nicht verboten. Tränen sind kein Tabu. Tränen sind keine Schande. Und was haben wir schon kaputt gemacht in den Seelen junger Menschen, wenn wir so unsinnig daherpolterten: »Ein Junge weint nicht!«

Nein, in der Bibel sind Tränen nicht verboten. Und deshalb haben Tränen gerade in der Gemeinde ihren Platz. Jesus selbst hat geweint. Die Sünderin, die zu ihm kam, hat geweint. Weinen ist nicht nur etwas für Weichlinge. Im Gegenteil: Tränen sind Schleusen unserer Seele. Tränen befreien. Tränen entlasten. Tränen verbinden Menschen miteinander.

Wenn Sie das als Trauerfamilie schon einmal erlebt haben, dann wissen Sie, wovon ich rede: Wenn man offen und frei voreinander weinen kann, das verbindet. Tränen können eine Gemeinschaft vertiefen, vor allem dann, wenn wir einander nichts vorheucheln müssen. Ehrliche Tränen machen das falsche Lächeln überflüssig.

Tränen sind menschlich, weiblich und männlich. Es ist Ausdruck von Stärke und Reife, ein Zeichen von Größe, wenn ein Mensch weinen kann, und nicht von Schwäche! Eugen Roth hat Recht:

»An erster Stelle zu erwähnen
als Wunderbalsam sind die Tränen.
Sie lösen, sparsam selbst geweint,
das eigne Herz, schon ganz versteint.«

Tränen als Wunderbalsam, sie können heilsam sein.
Wir brauchen uns unserer Tränen nicht zu schämen.
Denn Gott weiß um unsere Tränen. Aber damit nicht
genug.

Gott weint unsere Tränen mit

Ja, das ist wirklich so. Denn sehen Sie, auf dem Thron
im Himmel sitzt ja kein großer, ferner Himmelsgott,
der noch nie etwas anderes gesehen hätte als den
Himmel. Nein, der, der da auf dem Thron sitzt, der ist
nicht nur durch goldene Gassen gewandert, der hat
nicht nur Edelsteine und Perlen gesehen und sich bedienen lassen von himmlischen Boten.

So mögen wir uns Gott manchmal vorstellen, aber
so ist Gott nicht, zumindest nicht nur. Dort auf dem
himmlischen Thron – das beschreibt Johannes mehrfach ausführlich –, dort sitzt »das Lamm«. Und mit
diesem Lamm ist niemand anderes als Jesus gemeint.

Jesus Christus, der Sohn Gottes. Vom Himmel
kam er her. Aber er ist ja nicht im Himmel geblieben,
sondern vom Himmel hoch ist er herab auf die Erde
gekommen. Seinen Thron hat er verlassen und ist
Mensch geworden.

Und da haben keine goldenen Gassen auf ihn ge-
wartet, sondern der Weg zum Kreuz. Auch keine Edel-

steine, Perlen und Purpur waren sein Schmuck – eine Dornenkrone haben sie ihm aufgesetzt. Und bedienen lassen hat er sich schon gar nicht – verhöhnt, verspottet und geschlagen haben sie ihn, den König am Kreuz.

Als er dort hing und schreckliche Schmerzen ertrug, hat er sein Blut für uns vergossen. Und seine Tränen – die hat er für uns geweint. Deshalb gilt der Satz: Gott weint unsere Tränen mit.

Gott weiß nicht nur um unsere Tränen. Er sieht sie nicht nur vom Himmel herab, von oben herab. Davon hätten wir nichts. Nein, was auch immer wir erleiden – er leidet mit uns mit. Welche Schmerzen wir auch immer haben – er trägt unsere Schmerzen mit. Was auch immer uns Tränen in die Augen treibt – Sorgen, Schmerzen oder Trauer –, denken Sie daran: Sie sind nicht allein. Sie leiden nicht allein. Sie ertragen es nicht allein. Gott weint Ihre Tränen mit.

Regenbogen in unseren Tränen

Aber beim Sterben und beim Weinen bleibt es nicht. Wäre Jesus nur für uns gestorben, dann hätten wir keine Hoffnung. Weil er aber auferstanden ist, haben wir eine feste, gewisse Hoffnung.

Das ist die zutiefst seelsorgerliche Dimension von Ostern. Denn der, der am Kreuz Blut und Tränen vergossen hat, der hat am Ostermorgen das Grab verlassen. Er ist durch den Tod hindurchgegangen. Die tiefste Nacht hat er durchschritten. Und seit Ostern leuchtet ein helles Licht. Das Osterlicht. Es ist dasselbe Licht, das noch im Himmel leuchten wird.

Es ist *das* Licht, auf das wir zugehen. Und von vorne, aus dem himmlischen Thronsaal leuchtet es uns entgegen. Dieses Osterlicht fällt auf unsere Tränen. Und wenn wir einmal genau hinsehen in unsere Tränen, dann entdecken wir darin einen Regenbogen: einen Regenbogen in unseren Tränen, weil Gottes Licht sich darin bricht.

Nun weiß ich nicht, was Sie denken: Vielleicht sind Sie skeptisch. Vielleicht kommt Ihnen das alles viel zu österlich vor, viel zu himmlisch: Auferstehung, Ostern, himmlisches Licht. Vielleicht sagen Sie: »Das sind mir zu viele Versprechen, zu viele Verheißungen. Wer weiß schon, ob es wirklich so sein wird?«

Ich will Ihnen von einem Buch erzählen. Sein Titel lautet: »Operation Heimkehr«. Geschrieben hat es Masanori Nakamura, ein japanischer Schriftsteller. In diesem Buch beschreibt er den Fall der Berliner Mauer:

»Im Schatten der Brandenburger Arkaden, die mehr als jedes andere Bauwerk die Sehnsucht der Deutschen nach ihrer nationalen Einheit verkörpern, kommt es zu erschütternden Szenen.

Wildfremde Menschen fallen sich schluchzend in die Arme. Älteren Leuten, die an einen Eintritt dieses Ereignisses zu ihren Lebzeiten nicht mehr geglaubt haben, rinnen die Tränen über die Wangen. Junge Menschen schlängeln sich vor Freude tanzend in langen Girlanden durch die Menge.«

Genau so war es doch. So haben wir es doch in Erinnerung. So haben wir es doch immer wieder im Fernsehen gesehen, jedes Jahr beim Jahrestag des Mauerfalls:

Menschen lagen sich in den Armen. Männer und Frauen weinten. Tränen, derer sich niemand geschämt hat. Das große Wunder war geschehen – kein Mensch hatte mehr daran geglaubt. Kaum einer, der das noch zu hoffen gewagt hatte.

Das Ende des real existierenden Sozialismus. Das Ende eines totalitären Regimes. Nein, daran wollte keiner mehr glauben. Zu sehr hatten wir uns gewöhnt an die Ungerechtigkeiten, an die Unterdrückung, an die Untaten der Unmenschen in Stasidiensten.

Die Teilung Deutschlands verlief mitten durch Häuser, durch Familien, selbst durch Ehen hindurch. Wenn Leid zur Gewohnheit wird, hat's die Hoffnung schwer.

Und was dann 1989 geschehen ist, das gehört wirklich zu den größten Wundern der Geschichte. Nakamura hat die Szenerie dieses Ereignisses hervorragend beschrieben. Aber jetzt kommt der Clou: Er hat sein Buch zehn Jahre *vor* der Wende geschrieben. Er war ein Visionär, der diesen wunderbaren Ereignissen weit voraus war. Ein Japaner musste diese Hoffnung beschreiben; einer aus einer ganz anderen Welt musste uns solche Hoffnung bringen. Schon 1979 sah er das Wunder voraus. Er war seiner Zeit voraus und sprengte sie auf für die Zukunft, für Veränderung, für die Hoffnung. »Operation Heimkehr«.

Sehen Sie, genau das tut Johannes. Er ist kein Japaner, sondern Jude. Sein Buch heißt »Die Offenbarung«, aber es beschreibt auch eine »Operation Heimkehr«. Es sind nicht die Gedanken eines Utopisten oder eines religiösen Idealisten oder eines verrückten Professors. Es sind vielmehr die Ausblicke eines entrückten Propheten. Es sind Einblicke in den Zukunftsplan Gottes. Es sind die Perspektiven, die Jesus selbst ihm offenbart. Und so – von Jesus geführt – wird Johannes zum Visionär. So sieht er das Wunder voraus. So sprengt er unsere Zeit auf für die Zukunft, für Veränderung, für Hoffnung. Und so tröstet er uns.

Ob das nicht doch ein Trost für Sie werden könnte? Glauben ist ein Wagnis, Hoffen ebenso. Ich lade Sie herzlich ein: Wagen Sie es! Wagen Sie zu hoffen! Wagen Sie es, der Verheißung zu trauen!

Das verändert unseren Blick. Christen reden nicht mehr vom Weltuntergang, sondern vom Weltaufgang!

Christen reden nicht mehr vom Weltuntergang, sondern vom Weltaufgang!

Mit Johannes sehen wir eine neue Welt auf uns zukommen. Gott wird bei uns wohnen und wir bei ihm. Wer von Ostern her kommt, geht auf den Himmel zu. Noch sind wir noch nicht so weit. Aber schon jetzt weiß

Gott um unsere Tränen. Schon jetzt weint er unsere Tränen mit.

Und das Dritte wird kommen:

Gott wischt unsere Tränen ab

Das ist ein besonderes Vorrecht Gottes, das er sich ganz exklusiv vorbehält. Die Posaunen lässt er die Engel blasen. Seine Verheißung lässt er seine Boten verkündigen. Und die goldenen Gassen, die lässt er himmlische Architekten bauen. Aber die Tränen seiner Kinder wischt er selbst ab. Das lässt sich der Vater im Himmel nicht nehmen. Die Tränen wischt er selbst ab.

Es hat mich bewegt, wie mir eine Frau in tiefer Trauer sagte: »Wie einen eine Mutter tröstet – so tröstet mich Gott.« Bei dieser Frau ist Ostern zur persönlichen Erfahrung geworden. Gott tröstet wie eine Mutter: Wenn das Kind weint und verzweifelt dahergelaufen kommt, dann macht sie die Arme auf, nimmt das Kind auf den Schoß, sagt noch nichts, kein Wort muss sie sagen. Sie ist einfach nur da und tröstet das Kind. Sie hält es fest umschlossen und wischt ihm die Tränen von den Wangen. So ist Gott. Er macht keine großen Worte. Er ist nur da, hat die Arme offen und tröstet mich. Was für ein Geschenk, wenn ein trauriger Mensch das erfahren kann!

»Gott wird abwischen alle Tränen.« Dass wir es so schwer glauben können, weiß er nur allzu gut. Deshalb sagt es Jesus, der auf dem Thron sitzt, noch einmal extra für uns Zweifler:

»Siehe, ich mache alles neu!
Schreibe, denn diese Worte sind wahrhaftig und gewiss.«

Die Verheißung steht. Auf das Wort von Jesus ist Verlass. Wenn auf irgendein Wort in dieser Welt Verlass ist, dann auf das Wort von Jesus.

Vielleicht kennen Sie den amerikanischen Bluesgitarristen Eric Clapton. Vielleicht geht Ihnen sogar schon, seit Sie die Überschrift dieses Kapitels gelesen haben, eines seiner Lieder durch den Kopf. Es ist einer seiner größten Hits, zigtausendfach verkauft und gespielt: »Tears in Heaven«, zu Deutsch: »Tränen im Himmel«. Er hat dieses Lied nach einer persönlichen Tragödie geschrieben.

Es war im Frühjahr 1991. Sein kleiner Sohn Conor ist damals viereinhalb Jahre alt. Er spielt im 53. Stock seines New Yorker Hochhauses, direkt am offenen Fenster. Für einen Moment, nur für einen kleinen Moment, passt das Kindermädchen nicht auf, und der Junge stürzt in die Tiefe. 53 Stockwerke fällt er hinab – und ist sofort tot. Der Vater Eric Clapton verarbeitet seine Trauer in diesem Lied, »Tears in Heaven«. Darin singt er:

Beyond the door, there's peace I'm sure ...
And I know there'll be no more tears in heaven ...
Ganz sicher, hinter der Tür dort ist Frieden ...
Und ich weiß, es gibt im Himmel keine Tränen mehr.

Eric Clapton hat recht. Zuletzt wird es im Himmel keine Tränen mehr geben. Denn »Gott wird abwischen alle Tränen.«

6 Was dürfen wir hoffen?

Eine mittelalterliche Legende erzählt von zwei Mönchen, die sich das Paradies in ihrer Fantasie in den leuchtendsten Farben ausmalten. Schließlich versprachen sie sich gegenseitig, dass der, welcher zuerst sterben würde, dem anderen im Traum erscheinen und ihm nur ein einziges Wort sagen solle. Entweder »taliter« – auf Deutsch »genau so« wie wir uns das vorgestellt haben, oder »aliter« – »anders« als wir es uns vorgestellt haben. Nachdem der Erste gestorben war, erschien er dem anderen tatsächlich im Traum, aber er sagt zwei Worte: »Totaliter aliter!« – Es ist »total anders« als in unserer Vorstellung!

So ist das wohl mit unseren Vorstellungen vom Himmel, von der Auferstehung und von unserem neuen Leib. Genaues können wir nicht sagen. Details berichtet auch die Bibel nicht. Die neue Welt bleibt unseren Blicken verschlossen. Dennoch ist mit Ostern die Frage aufgeworfen: Was dürfen wir hoffen? Das ist eine der entscheidenden Fragen des Glaubens.

Was kommt auf uns zu? Womit können wir rechnen? Worauf können wir uns verlassen?

Wir haben den Himmel verloren

Natürlich hoffen wir auf den Himmel. Worauf denn sonst? Aber so einfach ist das ja nicht. Seit der Aufklärung scheint uns nur noch das glaubhaft, was unsere kritische Vernunft zulässt. Nachdem Kant und Co. die Hölle geleert haben, haben sie zugleich den Himmel geräumt. Wer den Teufel und seine Dämonen entmythologisiert, hat auch keine Engel mehr. Das Paradies ist leer, das Jenseits gestrichen. Das neue Jerusalem, die Perlentore, die goldenen Gassen nur mehr Metaphern, schöne Bilder, hilfreiche Vorstellungen vielleicht, mehr aber auch nicht. Wir haben den Himmel wegrationalisiert.

Wer wagt heute schon noch vom Himmel zu reden? Ernsthaft, meine ich. Der Himmel ist zur Karikatur geworden und zum Gespött verkommen. Wir denen an Aloisius, an einen Münchner im Himmel, an ein paar Engel mit Harfen, an Petrus und den Wettergott. In den Bierzelten des Oktoberfestes, bei Maßkrug und Volksmusik wird wohl öfter über den Himmel gespottet als von den Kanzeln über ihn gepredigt wird.

 In den Bierzelten des Oktoberfestes, bei Maßkrug und Volksmusik wird wohl öfter über den Himmel gespottet als von den Kanzeln über ihn gepredigt wird.

Unsere moderne Kirche hat den Himmel verloren.

Die Frage wird immer drängender: Was bleibt uns zu hoffen? Die ganze Tragik einer solch entleerten Theologie wird auf dem Sterbebett eines Menschen offenbar. Was ist jetzt noch zu sagen? Welche Aussichten gibt es noch, wenn Jesus nur in den Gedanken der ersten Christen, aber nie wirklich auferstanden ist? In dem Maße, wie wir den Himmel verloren haben, haben wir unsere Sprachfähigkeit verloren. Wer nichts mehr sagen kann von Gottes künftiger Welt, von seiner Verheißung für mich, vom Leben in Ewigkeit, dem fehlen am Sterbebett die Worte.

Wer nur historisch-kritisch in die Vergangenheit blickt und weltanschaulich-ethisch die Gegenwart reflektiert, der hat keine Augen für die Zukunft Gottes. Die Hoffnung geht flöten.

Die Hoffnung hat keinen Grund mehr. Wir haben den Grund der Hoffnung verloren.

Und doch ist die Hoffnung nötig. Als eine existenzielle Trotzhaltung gegen die Sinnlosigkeit. Als eine emotionale Stütze gegen den Frust. Wenigstens als Zweckoptimismus. Von der Hoffnung reden deshalb alle. Philosophen, Psychologen und Theologen sind sich einig: Hoffnung ist wichtig. Hoffnung ist zentral. Ohne Hoffnung geht es nicht. Aber sie ist zu einer Funktion der Ethik verkommen. Nur wer hofft, kann handeln. Das Motto heißt:

»Lasst uns hoffen, das hilft. Wir wissen zwar nicht worauf, aber ohne Hoffnung können wir nicht leben.«

Unverzichtbar, unaufgebbar, unbegründbar

Die Hoffnung preisgeben, hieße sterben. Deshalb reden viele Atheisten groß von der Hoffnung. Der alte Nietzsche etwa sagt, Hoffnung sei »der Regenbogen über dem herabstürzenden Bach des Lebens«. Ernst Bloch, der große Philosoph der Hoffnung, kann sagen: »Wenn wir zu hoffen aufhören, kommt, was wir befürchten, bestimmt.«

Hoffnung ist für uns heute psychologisch unverzichtbar und philosophisch unaufgebbar, aber faktisch unbegründbar.

Hoffnung ist für uns heute psychologisch unverzichtbar und philosophisch unaufgebbar, aber faktisch unbegründbar.

Genauso stellt der Philosoph Hans Jonas fest: »Der völlige Verzicht auf Hoffnung ist das, was das Unheil nur beschleunigen kann. Eines der Elemente, die das Unheil verzögern können, ist der Glaube daran, dass es abwendbar ist.« – Hoffnung als das Gegenteil von Unheil. Die Chance, dass das Schicksal es nicht nur schlecht meint. Aber nichts Verlässliches, nichts Begründetes, nichts Festes, gar nichts Gewisses. Hoffnung ist zum Gegenteil von Gewissheit geworden: »Ich glaube nichts, aber ich hoffe darauf.« Alles ist vage, unsicher, ein einziges Vielleicht.

Lässt es sich damit leben? Lässt sich daraufhin sterben? Von welcher Art ist unsere Hoffnung als Christen? Worauf also dürfen wir hoffen?

Das Johannesevangelium beantwortet diese Fragen auf eine faszinierende Weise. Ganz eindrücklich nimmt es unsere Fragen auf und richtet sie ganz neu aus.

In Johannes 14,1-7 lesen wir:

»Euer Herz erschrecke nicht! Glaubt an Gott und glaubt an mich!

In meines Vaters Hause sind viele Wohnungen. Wenn's nicht so wäre, hätte ich dann zu euch gesagt: Ich gehe hin, euch die Stätte zu bereiten?

Und wenn ich hingehe, euch die Stätte zu bereiten, will ich wiederkommen und euch zu mir nehmen, damit ihr seid, wo ich bin. Und wo ich hingehe, den Weg wisst ihr.

Spricht zu ihm Thomas: Herr, wir wissen nicht, wo du hingehst; wie können wir den Weg wissen?

Jesus spricht zu ihm: Ich bin der Weg und die Wahrheit und das Leben; niemand kommt zum Vater denn durch mich.

Wenn ihr mich erkannt habt, so werdet ihr auch meinen Vater erkennen. Und von nun an kennt ihr ihn und habt ihn gesehen.«

Unsere Hoffnung als Christen hat ihren Grund in Jesus Christus selbst, genauer gesagt in seiner Auferstehung. Ohne Ostern keine Hoffnung.

Die Heimat im Himmel (Verse 1-4)

Alles beginnt mit einem Trostwort (Vers 1), ganz direkt. Das fällt auf, es gibt keine Einleitung, keine Hinführung, keine Ortsangaben, stattdessen eine direkte Ansage: »Erschreckt nicht! Glaubt!«

Das klingt besonders wohltuend, wenn man bedenkt, was der Szene vorausgeht. Gerade eben hat Jesus Petrus die größte Pleite seines Glaubenslebens angekündigt. »Der Hahn wird nicht krähen, bis du mich dreimal verleugnet hast.« Petrus sitzt noch verstört da. Allen, die dabei sind, bleibt jedes Wort im Hals stecken. Kurz davor hat Judas, der Verräter, die Runde verlassen. Ganz abrupt ging er hinaus in die Nacht.

Da tut dieses Trostwort gut, obwohl es eigentlich gar nicht zu dem Zusammenhang passt – zumal Jesus immer wieder von seinem Abschied spricht. Er werde weggehen und die Jünger zurücklassen. Da kann einem schon der Schrecken in die Glieder fahren. Aber er sagt: »Erschreckt nicht! Glaubt an Gott und glaubt an mich!« Will sagen: Glaubt an den Vater und an mich, den Sohn! Erschreckt nicht, denn ich bin der Sohn Gottes. Ich gehöre auf die Seite Gottes.

> *»Wer an mich glaubt, glaubt nicht an mich, sondern an den, der mich gesandt hat.« (Johannes 12,44)*

Der Grund für den Trost ist Jesus selbst. Er ist der Sohn. Er ist Gott. An ihn können wir glauben. Diesen Grund führen die folgenden drei Verse genauer aus. Im Haus des Vaters sind viele Wohnungen. Jesus geht hin und bereitet sie vor. Dann wird er wiederkommen und uns zu sich nehmen, damit wir sind, wo er ist. Jesus stellt uns die himmlische Welt als ein großes bewohntes Haus vor, ein Mehrfamilienhaus sozusagen. In Gottes Reich ist Platz für euch, sagt Jesus zu den Jüngern. Das dürfen wir hören. Mehr noch: Das dürfen wir ernst nehmen.

In den Himmel kommen heißt, nach Hause kommen. Heimkommen in das Haus des Vaters. Als Gottes Kinder sind wir jetzt in der Fremde. Wir sind hier nicht zuhause.

Für uns, die wir diese Erde lieb haben und uns hier gerne häuslich einrichten, ist das besonders schwer zu begreifen. Aber es bestimmt unsere Existenz:
Wir haben hier keine Bleibe.
Denn wir bleiben einmal woanders.
Wir haben hier keine Ruhe.
Denn wir sind unterwegs.
Wir haben hier keine Heimat.
Denn wir gehören in das Haus des Vaters.

Natürlich sind das Bilder, Metaphern. Aber die biblischen Metaphern sind mehr als bloße Vorstellungshilfen. Sie erfassen die Realität in einer ganz eigenartigen Konkretheit, die über das simple wörtliche Verstehen hinausgeht. Sie eröffnen einen neuen Wirklichkeitshorizont, eine neue Dimension, den Horizont unseres Hoffens.

Die biblischen Bilder eröffnen einen neuen Wirklichkeitshorizont, eine neue Dimension, den Horizont unseres Hoffens.

Für diese neue Wirklichkeit ist das Bild aber nicht gleichgültig. Dieses Bild entspricht dem, was kommt. Dieses Bild ist Wahrheit. Das Bild-Wort entspricht dem, was Jesus vor Augen hat und was wir einmal sehen werden.

Jesus spricht von einem Haus, nicht von einem Acker oder einem Teig oder einem anderen Bild. Daher ziehe ich jetzt auf der Bildebene auch den Schluss: Darum erwarten wir im Himmel auch ein Haus, ein unvorstellbares zwar, ein anderes als die Häuser, die wir kennen, und doch ist es ein Haus. Hoffen heißt deshalb: das Wort von Jesus festhalten und auf das Wort hin Sehnsucht nach dem Vaterhaus haben.

Sehnsucht nach dem Vaterhaus

Wie ist das mit Ihnen? Hoffen Sie? Haben Sie Sehnsucht nach dem Vaterhaus? – Auch bei den meisten Christen ist es wohl so, dass wir allzu zufrieden sind. Wir haben uns doch ganz gut eingerichtet auf unserem Stern. Und wir vergessen dabei, dass wir noch nicht im Himmel sind.

Das hebräische Wort für hoffen heißt »qiwa«, wörtlich: eine Schnur spannen, ein Seil spannen. Also heißt hoffen »gespannt leben«. Von einem Pol zu einem andern hin ausgerichtet sein.

Sind wir ausgerichtet auf ein Ziel hin?
Oder haben wir es uns nur allzu gut eingerichtet?
Strecken wir uns auf ein Ziel aus?
Oder sind wir innerlich längst angekommen?
Stehen wir unter Spannung?

Oder sind wir nicht eher relaxed, entspannt, gut abgehangen wie ein Stück Rauchfleisch?

Überlegen Sie einmal eine Sekunde: Wie stellen Sie sich den Himmel vor? Von jugendlichen Christen bekomme ich häufig Antworten wie diese:

»Der Himmel ist Party mit Jesus.« »Der Himmel ist Lobpreis ohne Ende.« »Der Himmel ist irgendwie geil.«

Der Himmel wäre genau das, was ich jetzt schon erlebe und gut finde, nur ins Unendliche gesteigert. Da muss man dem kritischen Philosophen Feuerbach Recht geben, der meinte, wir projizieren unsere Ideale in die Zukunft und das nennen wir dann Gott. Ich wage mal die These: Wir Christen der westlichen Welt haben uns so gut eingerichtet in unserer Welt, dass wir das Hoffen verlernt haben.

Denn eines müssen wir wissen: Der Bruder der Hoffnung ist der Schmerz. Nur wer leidet, weiß, was Hoffen heißt. Nur eine leidende Gemeinde ist eine hoffende Gemeinde. Aber für unsere Kirchen im Westen ist die Erde längst kein Jammertal mehr. Aus unserem Jammertal ist ein »Silicon Valley« geworden. Dort aber, wo die Gemeinde verfolgt und bedrängt ist, dort, wo das Nachfolgen wirklich noch ein Kreuzweg ist, dort, wo das Leben zur Hölle wird, dort weiß man, was Hoffnung ist.

Als würde Jesus ahnen, wie es um unser Hoffen steht, sagt er (Johannes 14,2):

»Wenn's nicht so wäre, hätte ich dann zu euch gesagt: Ich gehe hin, euch die Stätte zu bereiten?«

In der Tat: Wenn es nicht so wäre, wenn es kein Vaterhaus gäbe, dann hätte die ganze Rede von Jesus keinen Sinn, seine Rede vom Hingehen und Bereiten und vom Nachgehen und Folgen. Dabei ist das etwas ganz Großartiges: Jesus geht hin – mit nur einem Ziel: »um uns die Stätte zu bereiten«. Jesus geht durch den Tod hindurch, durch die Hölle ins Vaterhaus, um unseren Platz vorzubereiten.

Damit ist sein ganzer Weg, sein ganzes Wirken zusammengefasst. Jesus bereitet vor. Er macht den Himmel bewohnbar. Er macht aus uns Vagabunden Wohnungsberechtigte. Er macht die Wohnung bezugsfertig. Der Ort im Himmel wird vorbereitet.

Die Frage ist nun: Wann ist das geschehen? Wir sollen wir uns das vorstellen? Geht Jesus mit dem Staubsauger durch die himmlischen Zimmer? Geht er mit Hammer und Säge und Tapete und Kleister ans Einrichten? Wie bereitet er vor?

Sehen Sie, dieses »Vorbereiten«, von dem Jesus spricht, ist nichts, was jetzt geschehen würde. Nein, das Bereiten geschah am ersten Karfreitag, am Ostermorgen, bei der Himmelfahrt. Durch sein Heilswerk hat er den Ort vorbereitet. Durch seinen Sühnetod am Kreuz. Genau dazu brauchen wir Jesus. Gerade deshalb ist Ostern so wichtig. Keiner sonst bereitet uns den Himmel vor. Jesus, der Sohn, der hingeht in den Tod und zu neuem Leben aufersteht, dieser Jesus ist der Grund unserer Hoffnung. Durch ihn allein haben wir unsere Heimat im Himmel.

Den Himmel im Herzen (Verse 5-7)

Thomas ist einer der sympathischsten Menschen der Bibel. Er fragt. Er zweifelt. Er ist geradeheraus, einfach eine ehrliche Haut. Ganz offen und direkt sagt er, was er denkt. Eben noch sagt Jesus: »Und wo ich hingehe, den Weg wisst ihr.« Aber Thomas macht sofort den Mund auf und gesteht: »Herr, wir wissen nicht, wo du hingehst. Wie können wir den Weg wissen?«

Nun könnte man sagen, Thomas war vielleicht etwas schwer von Begriff. Denn mehrfach schon hatte Jesus gesagt, dass er zum Vater geht, dass er zum Vater gehört. Gehört hat das Thomas sicher, aber begriffen nicht. Doch wer kann das schon begreifen! Das klingt für unsere Ohren heute genauso fremd wie für Thomas damals. Jedenfalls gibt er offen zu: »Wenn ich nicht weiß, wohin du gehst, kenne ich auch deinen Weg nicht.« Wer kein Ziel hat, hat auch keinen Weg.

Damit ist Thomas der Prototyp des hoffnungslosen Menschen. Wer nicht weiß, wohin Jesus hingeht, wer deshalb auch seinen Weg nicht kennt, wer ihn selbst nicht ergriffen hat, der hat nichts zu hoffen, der hat kein Ziel, auf das er gespannt zuleben könnte, der hat keinen Pol, nach dem er sich ausstrecken könnte.

Und was tut nun Jesus? Erklärt er ihm alles von vorn? Trägt er Erläuterungen vor? Versucht er, ihm mit langen Ausführungen irgendeine Jenseitshoffnung plausibel zu machen? – Nein, er antwortet vielmehr mit zwei Worten, in denen unsere Hoffnung begründet ist und durch die uns die Hoffnung gewiss wird: »Ich bin.«

Ohne dass überhaupt ein weiteres Wort folgen müsste, ist damit alles gesagt. Jesus ist der lebendige Gott, der da ist, für uns, für immer. Dieses »Ich bin« überdauert die Zeit. Dieses »Ich bin« sprengt unseren Horizont. Von diesem »ich bin« sind wir umfangen, getragen, erhalten, umsorgt, ewig umschlossen.

»Ich bin.«
Anfang und Ende.
Weg und Ziel.
Himmel und Erde.
Tod und Leben.
Jesus Christus.

Aber Jesus redet weiter. Er sagt, wer er ist. Er erläutert sein Wesen, seine Art. Diese Erläuterung ist das großartige, einzige dreiteilige so genannte »Ich bin«-Wort, das im Johannesevangelium steht:

»Ich bin der Weg, die Wahrheit und das Leben.«

»Ich bin der Weg.« Das ist die Antwort auf die Frage des Thomas. Wer Jesus kennt, kennt den Weg. Der Weg in den Himmel ist mir gewiss, wenn mir Jesus gewiss ist. So einfach ist das. So exklusiv. Und so wunderbar.

Mehr hat Jesus nicht von sich gesagt. Und mehr gibt es nicht zu sagen. Jesus weist und ebnet den einzigen Zugang zum Vater. Der Weg ist frei durch seinen Sühnetod am Kreuz. Der Weg wurde geebnet durch sein »Es ist vollbracht«. Jesus denkt seinen Sieg am Kreuz schon mit, als er Thomas hier antwortet.

»Ich bin die Wahrheit.«

Was ist Wahrheit?, fragen wir mit Pilatus.

Die Bibel kennt keine unpersönliche Wahrheit. Keine Wahrheit, die außerhalb von mir bliebe, mich nicht beträfe. Es gibt gegenüber der Wahrheit keine neutrale Position, die über sie entscheiden könnte. Entweder ich bin in der Wahrheit oder ich bin außerhalb von ihr in der Lüge. Entweder ich bin gerettet oder ich bin schon gerichtet.

Wahrheit bezeichnet ein Entsprechungsverhältnis, eine Beziehung. Gott zu entsprechen, seinem Willen zu entsprechen, ganz mit ihm und seinem Wort, seinem Gebot übereinzustimmen – das ist Wahrheit. Nur wer ihm entspricht, ist in der Wahrheit. Das kann letztlich nur von einer Person gesagt werden: von Jesus Christus. Für alle anderen Menschen ist es nur durch ihn möglich, in eine Beziehung mit Gott zu kommen.

»Ich bin das Leben.«

Das bezeichnet dasselbe. Nur wer dem Schöpfer und seinem Wort entspricht, kann leben. Wer im Widerspruch zum Schöpferwort lebt, verwirkt seine Geschöpflichkeit und stirbt. Kurzum: Wer Leben will, muss Jesus haben.

Eigentlich ist der nächste Satz unnötig. Er ist bereits gesagt. Aber um es noch einmal unmissverständlich klar zu machen, sagt Jesus:

»Niemand kommt zum Vater denn durch mich.«

Damit unterstreicht er seinen ungeheuren Anspruch. Einen andern Weg zu Gott gibt es nicht, als den Glauben an Jesus Christus. Für Christen ist dieses Bekenntnis unaufgebbar. Wenn Ostern wahr ist, wenn Jesus wirklich von den Toten auferstanden ist, dann ist dieser Satz auch die einzig denkbare Konsequenz. Wer sonst sollte den Weg in den Himmel ebnen, wenn nicht der, der als Einziger den Tod besiegt hat? – Für uns Christen ist dieser Satz aber »kein Satz des Hochmuts, sondern der Retterliebe«; so hat es der Württemberger Altlandesbischof Dr. Gerhard Maier einmal formuliert. Wir halten am Bekenntnis zur Einzigartigkeit von Jesus Christus nicht fest, um uns über andere zu erheben, sondern um anderen die einzige Hoffnung im Leben und im Sterben nicht vorzuenthalten.

Jesus Christus ist der Grund unserer Hoffnung, und er ist unsere Gewissheit. Mehr braucht unsere Hoffnung nicht, als um ihn als Auferstandenen zu wissen. Mit Jesus haben wir den Himmel im Herzen.

Sicher, wir würden gerne mehr wissen. Wie sieht es im Himmel aus? Wen treffen wir dort? Wie werden wir aussehen? Können wir miteinander reden? Und wenn ich meine Oma wiedersehe, hat sie dann graue Haare oder ist sie jünger? Und wie alt bin ich, wenn ich in den Himmel komme? Wer wird dort sein und wen werden wir vermissen? Wie kann das herrlich sein, wenn einige meiner Lieben fehlen?

Viele Fragen ließen sich anfügen. Wir wollen mehr wissen, um mehr hoffen zu können. Aber das ist ein Trugschluss: Jesus genügt. Sein »Ich bin«. Jesus selbst, er allein gibt uns eine Gewissheit ins Herz. Alle Spekulation und alles Wissen schenkt keine Gewissheit.

Ich denke an die Menschen, die ich auf ihrem letzten Weg begleitet habe. An ihre Schmerzen. An das Elend im Krankenhaus. An die vielen durchwachten Nächte. Ich habe einige hoffnungslose Situationen vor Augen und manche Seufzer noch im Ohr. Besonders eindrücklich ist mir der Stoßseufzer einer schwer kranken Frau, der wie ein Gebet klang: »Oh Heiland!« Geflüstert, gestöhnt, gejammert. Mehr blieb ihr nicht, mehr konnte sie nicht mehr sagen.

Sie wusste nicht, *was* hinter der Schwelle des Todes auf sie zukommt. Ich konnte ihr auch nicht sagen, *wie* es sein wird, wenn sie stirbt. Aber doch wusste sie, *wo* sie sein würde: Dort, wo Jesus ist, an den sie geglaubt hat. Dort, wo sein »Ich bin« das Haus erfüllt. Wo seine Person den Ort ganz bestimmt. Jesus hat ihre Stätte bereitet. Hier wird ihr Platz sein, ein Platz zum Leben. Das war ihr Trost genug.

Ich weiß nicht, was Ihnen das Leben schwer macht, was Ihnen die Hoffnung nimmt und Sie zweifeln lässt. Niemand von uns weiß, wie es uns selbst einmal noch ergehen wird. Aber eines weiß ich schon jetzt: Ostern ist mehr als eine alte Legende. Ostern bedeutet Leben – für mich und für Sie. Nur aus diesem einen Grund wurde dieses Buch geschrieben. Denn wir kennen einen Namen und mit ihm eine unbändige Hoffnung: Jesus Christus.

Eine schöne Erinnerung
an die Zukunft

Gabriel Marcel soll einmal gesagt haben, Hoffnung sei »eine schöne Erinnerung an die Zukunft«. In der Tat: Die Erinnerung an die Osterberichte des Neuen Testaments lassen uns voraussehen. Der lebendige Gekreuzigte, der alles Scheitern, alle Festlegung auf das Endgültige durchbricht, ist so etwas wie eine Erinnerung an die Zukunft. Denn wenn es wahr ist, was von ihm bezeugt wird, dann gehört ihm die Zukunft.

Wer hofft, betet. Er redet mit dem lebendigen Gott. Ostern ernst zu nehmen, ist mehr als nur einige Berichte aus dem Neuen Testament für wahr zu halten. Wenn Jesus lebt, dann heißt das, er ist jetzt ansprechbar. Ihm gehört nicht nur die Zukunft, sondern auch die Gegenwart. Das füllen wir mit Leben, wenn wir beten. Durch das Gebet wird der Bogen zu Gott gespannt. Wenn wir beten, werden unsere engen Grenzen aufgesprengt. Der Himmel bleibt unser Horizont. Wir leben im Licht des Kommenden. Wer betet, kann nicht anders als zu hoffen. Nach dem Amen stehen wir verändert auf und gehen verwandelt weiter. Wir gehen unseren Weg als Weg zum Vater. Denn der Weg zum Vaterhaus führt mitten durch unsere Welt. Der Hoffende unterscheidet sich vom Hoffnungslosen nur dadurch, dass er eine Richtung hat, auf die er zugeht. Wer durch diese Welt in Richtung Vaterhaus geht, geht als Hoffnungsträger und wird so zum Segen für seine Mitmenschen. Denn Hoffen hat eine Eigenart: Sie steckt an. Sie steckt an, indem sie uns auf ein Ziel hin ausrichtet.

Also, halten wir das Wort von Ostern fest. Halten wir im Wort Christus fest. Halten wir mit Christus die Hoffnung fest, die uns gewiss macht. Und leben wir sie aus, indem wir herzlich beten. Das macht uns nicht nur hoffnungsvoll, sondern macht aus uns Träger der Hoffnung. Und genau das braucht unsere Welt.

Weitere Produkte von Steffen Kern im Hänssler Verlag

Bücher:

Allee der Kosmonauten – Kinder der Sehnsucht, Nr. 394.190

Eine Taufe, tausend Fragen, Nr. 394.798

Gott geht mit, Nr. 394.455

Hoffnungsgeschichten, Nr. 394.464

www.gott-ist-treu.de – Das Buch, Nr. 394.120

CDs:

Auf Gott vertrauen, Nr. 97.034

Begeistert leben, Nr. 97.026

Ein Licht für Dich, Nr. 99.971

Erfüllte Zeit, Nr. 97.008

J wie Jesus, Nr. 99.952

www.gott-ist-treu.de, Nr. 99.899

Weitere Produkte zum Thema Ostern im Hänssler Verlag

Bücher:

Mack, Cornelia (Hrsg.): Ideen für Ostern, 393.994

CDs:

Gerhardt Schnitter: Christ ist erstanden, Nr. 97.015

Händel, Georg Friedrich: Der Messias, Nr. 98.434

Bach, Johann Sebastian: Passionsarien & Osterarien – Passion Ari, Nr. 98.241

DVDs:

Wer ist Jesus?, Nr. 210.063

Codename Jesus – Ostergeschichten, Nr. 210.091

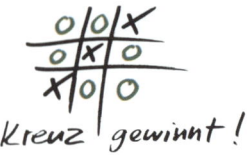

Kreuz gewinnt!

Schon gehört? – Kreuz gewinnt

Stellen Sie sich vor:
Sie besuchen in den Osterferien das Bürgerzentrum deiner Stadt – und entdecken dort eine Ausstellung über die Bedeutung des Kreuzes.

Stellen Sie sich vor:
Sie gehen in der Karwoche einkaufen – und sehen plötzlich durch die offene Tür eines Bankgebäudes Ausschnitte eines Films über Geschichte und Bedeutung des Kreuzes.

Stellen Sie sich vor:
Sie surfen im Internet und googeln den Begriff »Kreuz«. Ganz oben steht unter dem Stichwort »Kreuz-Geschichten« die Homepage www.kreuz-gewinnt.de.
Dort finden Sie Storys, Fragen und Antworten rund ums Thema »Kreuz«.

Dann sind Sie mittendrin in der Initiative »Kreuz gewinnt«.

»Kreuz gewinnt« will ...
– öffentlich sichtbar machen, was der Tod von Jesus bedeutet
– öffentlich einladen, die Botschaft des Kreuzes persönlich zu erfahren.

Das Ziel der Initiative ist es, diese Botschaft in öffentliche Räume wie Kirchen, Banken und Stadtverwaltungen zu bringen.

»Kreuz gewinnt« bietet vielfältig nutzbares Material (Werbematerial, Stundenentwürfe, Ausstellungen, ...) und ansprechende Medien (Präsentationen, Filme, ...) für Gemeinden, Kirchen, Jugendkreise, Hauskreise, Studentenkreise, Lehrer und andere Interessierte.

Und?
Neugierig geworden?
Weitere Infos unter
www.kreuz-gewinnt.de
oder per Mail über
kreuzgewinnt@liebenzell.org

Das kleine Buch vom Osterei

Tb., 11,7 x 17,5 cm, 48 S.,
durchgehend vierfarbig
Illustriert
Nr. 394.668,
ISBN 978-3-7751-4668-5

Ostern – mehr als Schokoladeneier und Hasenbraten?
Öffnen Sie doch einmal dieses Ei! Hier finden Sie krea-
tive und inspirierende Texte von Steffen Kern rund um
das Osterei, außerdem Bräuche und Wissenswertes
zum Osterfest.

Ein Buch, bunt wie Ostereier, sonnig und frisch wie
Osterwetter.

Bitte fragen Sie in Ihrer Buchhandlung nach diesem
Buch!
Oder schreiben Sie an: Hänssler Verlag im
SCM-Verlag GmbH & Co. KG, D-71087 Holzgerlingen.

Max Lucado

Staunen über
den Erlöser

Hc., 13,5 x 20,5 cm, 208 S.
Nr. 394.782,
ISBN 978-3-7751-4782-8

Erlösung? Rettung? Ewigkeit? Betrachten Sie mit Max
Lucado die Worte von Jesus am Kreuz und wie sie auf
die Soldaten und die religiösen Führer wirkten. Begegnen Sie Maria, die den zerschundenen Leib von Jesus
sehen und ertragen musste. Und erleben Sie die Weis-
heit des Kreuzes, die uns vom Tod zum Leben bringt.
Der Bestsellerautor führt mit vielen berührenden
Beispielen zum Staunen über das größte Ereignis der
Weltgeschichte.

Bitte fragen Sie in Ihrer Buchhandlung nach diesem
Buch!
Oder schreiben Sie an: Hänssler Verlag im
SCM-Verlag GmbH & Co. KG, D-71087 Holzgerlingen.